JO GRAHAM

SETE DEUSAS DO MUNDO HELENÍSTICO

ADORAÇÃO ANTIGA PARA OS TEMPOS MODERNOS

NOVA SENDA

SETE DEUSAS DO MUNDO HELENISTICO
Traduzido de: *Seven Goddesses of the Hellenistic World: Ancient Worship for Modern Times*
 | Publicado por Llewellyn Publications
Woodbury, MN 55125 EUA | www.llewellyn.com

Tradução: Renan Papale
Revisão: Luciana Papale
Diagramação: Décio Lopes
Ilustrações: Departamento de arte da Llewellyn

DADOS INTERNACIONAIS DE CATALOGAÇÃO NA PUBLICAÇÃO (CIP)
Angélica Ilacqua CRB-8/7057

Graham, Jo

Sete Deusas do Mundo Helenístico: adoração antiga para os tempos modernos / Jo Graham; Tradução de Renan Papale. São Paulo: Editora Nova Senda, 2023. 1ª edição.

192 páginas.

ISBN 978-65-87720-24-1
Título original: *Seven Goddesses of the Hellenistic World: Ancient Worship for Modern Times*

1. Deusas - Orações e devoções 2. Neopaganismo – Rituais 3. Neopagãos – Ritos e cerimônias I. Título II. Papale, Renan

23-5535 CDD 201.43

Índices para catálogo sistemático:
1. Deusas - Orações e devoções 201.43

EDITORA NOVA SENDA
Rua Jaboticabal, 698 – Vila Bertioga – São Paulo/SP
CEP 03188-001 | Tel. 11 2609-5787
contato@novasenda.com.br | www.novasenda.com.br

Dedicatória

Para meu pai, que despertou em mim
o amor pelo Mundo Antigo.

Sumário

Introdução

Se você pudesse voltar no tempo para visitar um dos grandes Templos do mundo antigo, como o Parthenon ou o Serapeum perdido, ficaria impressionado com a beleza e a majestade desses locais. Os coros, o incenso, as oferendas, as centenas de pessoas reunidas para os rituais. Hoje em dia, essas cerimônias são lembranças distantes. A maioria das pessoas nunca farão parte de algo assim.

No entanto, as grandes Deusas do mundo helenístico eram adoradas com mais modéstia, com ritos mais íntimos em santuários domésticos ou em pequenos Templos. Embora não possamos reproduzir os ritos hoje, podemos nos aproximar do conteúdo emocional deles. As Divindades que os inspiraram podem estar presentes em nossa vida, mesmo que não tenhamos os adereços dos belos Templos antigos ou grandes ritos cívicos.

Sete Deusas

Neste livro, sete das grandes Deusas do mundo antigo serão amplamente estudadas. Vamos abordar as Deusas universais adoradas no mundo helenístico entre 200 AEC a 320 EC, aproximadamente. Durante esse período de quinhentos anos, o culto a essas Deusas floresceu em todo o Mediterrâneo e além.

Sete Deusas, cada uma delas escolhida por ter alcançado uma grande variedade de adoradores durante um longo período de tempo, em vez de ficarem confinadas a um determinado povo e lugar. Sete Deusas que continuam a ser relevantes para muitos cultuadores nos dias atuais. Como, por exemplo, uma Deusa que se preocupa mais especificamente com a pesca, continua sendo relevante para os pescadores, porém de pouco interesse para a maioria das pessoas.

Algumas dessas Deusas podem ser familiares para você, como Ísis, Athena, Afrodite. Outras menos, como Atargatis, Tyche, Cybele. Uma delas, Epona, é mais conhecida hoje como uma Divindade celta; seu culto também se espalhou pelo mundo helenístico, contexto do qual exploraremos. Nos tempos antigos, era mais comum encontrar essas Deusas pela primeira vez de forma orgânica. Se você tivesse vivido em uma das grandes cidades: Palmira, Alexandria, Pérgamo, Cirene, Siracusa ou até mesmo Marselha, teria ouvido histórias das Deusas enquanto crescia. Diferentes lugares podem ter enfatizado o culto a diferentes Divindade, mas todas elas teriam sido conhecidas em uma sociedade politeísta vibrante.

A questão de como as Deusas eram adoradas é complexa e não tem uma única peça. Arqueólogos e historiadores continuam a descobrir novos materiais e novas informações. Entretanto, perguntar como essas Deusas eram adoradas no mundo helenístico de 200 AEC a 300 EC é quase o mesmo que perguntar como Cristo foi adorado de 1500 a 2000 AEC! Por quem? Onde? Quando? Em uma mesma cidade e época era comum encontrar várias igrejas com ensinamentos e rituais completamente diferentes. Quando você expande sua análise para abranger milhões de pessoas ao longo de centenas de anos, as generalizações se tornam enganosas. Cultos cristãos usam incenso ou velas? Depende de quem e de quando. Quais funções as igrejas cristãs permitem às mulheres? Depende de quais igrejas e de quando. No mundo helenístico não era diferente, havia grandes variações de tempo e local. Muitas reconstruções de cultos antigos, fundamentadas em diversas fontes de informação, podem ser contraditórias, porém não necessariamente imprecisas. Se uma versão de uma história, de uma Deusa ou de um conjunto de correspondências não coincide com outra, isso não significa que uma delas esteja errada. Assim como alguém que cresceu como católico na Itália em 1550 teria uma visão extraordinariamente diferente do cristianismo em relação a alguém que cresceu como quaker na Pensilvânia em 1800, as pessoas no mundo helenístico também tinham experiências muito diferentes da religião Pagã. Não estou tentando apresentar um retrato definitivo da adoração ou, de fato, uma reconstrução desses cultos em algum lugar e época específicos. Em vez disso, espero oferecer uma janela para esse mundo tão distante e tão parecido com o nosso.

Primeiro, cada Deusa será apresentada por meio de uma história, como se você tivesse crescido em uma das grandes cidades do passado. Em seguida, a história e seus contextos serão explorados por meio de leitura e registro em diários. O próximo passo será o de nos aprofundarmos no universo de cada Deusa com uma meditação voltada ao encontro com essa Divindade em um contexto moderno. Não vivemos no mundo helenístico, portanto, não podemos recriar o passado. Espero que este livro torne essas Deusas antigas relevantes e vivas para o politeísta moderno. Por fim, um rito moderno para cada Deusa, apropriado para um praticante solitário ou para pequenos grupos, será apresentado.

Para otimizar o uso deste livro, você vai precisar de algum meio de registro, seja em um livro físico, seja em um diário eletrônico, e de alguns equipamentos rituais específicos para os ritos, incluindo velas e incenso, caso os utilize. Vale a pena mencionar itens específicos que eram amplamente usados no mundo helenístico por várias Divindades e que não fazem necessariamente parte da prática Pagã moderna. Novamente, algumas pessoas os usam e outras não, outra ilustração da diversidade!

Uma das maneiras mais comuns de honrar os Deuses era derramar uma libação, oferta de vinho, água ou outro líquido e declarar que era para eles. Às vezes, as libações eram elaboradas, mas com mais frequência, eram apenas alguns goles de seu próprio copo com uma simples bênção, como "Que Tyche nos favoreça". A maioria de nós tem jarras, xícaras ou copos que podem ser usados para essa finalidade. Se desejar ser mais evocativo, você pode adquirir um copo de duas alças, um estilo bastante usado no mundo helenístico. Se estiver fazendo um rito ao ar livre, pode derramar sua libação no chão. Entretanto, muitas pessoas não gostavam de derramar vinho diretamente no chão! Em tempos antigos havia uma tigela de libação feita frequentemente de cerâmica pintada (mas às vezes elas eram feitas de prata ou de outro metal precioso) para esse fim. Após o rito, a tigela era esvaziada no chão ao ar livre. Se quiser adquirir uma tigela de libação para seu uso, há muitas reproduções disponíveis on-line, ou você pode simplesmente usar uma tigela grande de sua preferência.

Outra maneira muito comum de honrar os Deuses no mundo helenístico era queimar incenso. Esse ainda é um modo comum na prática Pagã moderna, portanto, talvez você já tenha um incensário e esteja familiarizado com os diferentes tipos de incenso. Sugeri aqui um incenso para cada uma das Deusas mencionadas. Se você não usa incenso por motivos pessoais, fique à vontade para ignorá-lo. Da mesma forma, sugerirei outros acessórios de ritual específicos para cada rito. Sinta-se à vontade para substituí-los se alguns itens não estiverem disponíveis ou se você não os usar; por exemplo, substitua um pedaço de fruta por um bolo de mel se você for vegano.

Nos tempos antigos, as Deusas eram adoradas em altares. Nos Templos, os altares eram mesas feitas de pedra muito elaboradas ou de madeira fina, às vezes colocadas do lado de fora, onde fogueiras podiam ser acesas ou oferendas podiam ser amontoadas sob grandes estátuas. Qualquer coisa desse tipo está além dos adoradores domésticos, portanto, quando me refiro a um altar, quero dizer uma superfície que você está usando como espaço devocional. De fato, pode ser uma mesa, o topo de uma estante de livros ou um armário, uma lareira ou qualquer outra superfície de sua casa que esteja à mão. Alguns Pagãos modernos têm um altar permanente – por exemplo, eu reservo o topo de um pequeno armário em meu escritório para essa finalidade. Outros montam um altar apenas temporariamente em um espaço que normalmente é usado para outros fins, como uma mesa de jantar. Qualquer um dos dois é bom. Se estiver usando um espaço normalmente utilizado para outra coisa, basta retirar os objetos de uso diário e colocá-los de volta quando terminar.

Muitas tradições Pagãs modernas abrem o espaço do ritual chamando os Quadrantes ou invocando Divindades ou Elementos para selar ou limpar o espaço. Esse não era um dos aspectos antigo do culto, porque invocar uma Deusa específica para solicitar sua atenção abençoava o espaço por si só. Portanto, nenhum desses rituais incorpora a invocação dos Quadrantes. Somente a Deusa com a qual você está trabalhando é chamada e não será necessário buscar por outras proteções ou limpezas.

Dentre as Deusa retratadas nos capítulos seguintes, cada uma delas detém múltiplos aspectos e são adoradas de diferentes maneiras em diferentes lugares e épocas. Em cada seção, concentrei-me principalmente em um aspecto para que a história, a meditação e o ritual sejam coerentes. Entretanto, o que é apresentado aqui não é de forma alguma definitivo! Por exemplo, concentrei-me em Afrodite Pelagia, Rainha do Mar. Se algum outro aspecto dessa Deusa lhe tocar mais fortemente, considere o que aparece aqui como um ponto de partida para estimular suas próprias investigações e pesquisas.

Selecionei histórias que achei que deveriam ser contadas e aspectos que deveriam ser enfatizados a fim de apresentar um quadro equilibrado; em outras palavras, nem todas são Deusas-Mãe ou Deusas guerreiras. Com certeza você vai encontrar algumas histórias que nunca ouviu antes ou aspectos que vão surpreendê-lo, e isso faz parte do prazer. Nunca houve uma ortodoxia rígida. Tanto naquela época como agora, os adoradores Pagãos variam muito no que fazem, assim como em suas crenças. Se algo não coincidir com o que você leu ou estudou, não tem problema. Coisas diferentes eram celebradas em épocas e lugares diferentes. Por exemplo, o culto à Ísis foi difundido por pelo menos quatro mil anos na extensão de um continente. Não existe uma maneira única, correta ou universal de adorá-la ou contar suas histórias. Optei por apresentar uma narrativa apropriada à Alexandria Helenística, que é apenas uma das muitas maneiras de contar uma história que foi apreciada por muitos.

Continue lendo e junte-se a mim nessa jornada!

Capítulo Um

Por que o Mundo Helenístico?

Grande parte das pessoas viventes na Terra era Pagã. Isso quer dizer que, quando analisamos toda a gama de culturas humanas em todo o mundo nos últimos dez mil anos, a maioria das pessoas praticava religiões politeístas que hoje chamaríamos de Pagãs. Ao analisarmos as práticas religiosas antigas e modernas, há três tipos de Divindades: Deuses do Lugar, Deuses dos Povos e Deuses Universais. Vamos explorar cada um deles.

Os Deuses dos lugares são talvez o tipo mais antigo. Os povos pré-históricos eram tocados por lugares naturais que pareciam sagrados ou numinosos – talvez uma montanha que parecia uma face gigante quando o Sol se punha atrás dela, uma nascente que nascia limpa e pura no meio de uma paisagem rochosa e proibitiva ou uma caverna que parecia levar ao centro da Terra. Esses lugares se tornaram os primeiros focos de adoração e, de forma gradual, foram associados a Deuses e Deusas específicos. Abordada no Capítulo Cinco, um exemplo é Atargatis, que pode ter começado como o espírito fluvial do rio Eufrates.

Embora algumas dessas Divindades tenham passado a ser adoradas mais amplamente com o tempo, a maioria dos Deuses locais permaneceu fortemente associada à paisagem sagrada que habitavam.

A adoração baseada na localidade representa um problema tanto para os adoradores antigos quanto para os modernos: e se uma pessoa mora a cem quilômetros da fonte sagrada que ressoa com sua espiritualidade? E se estiver a milhares de quilômetros das montanhas que formam a sua paisagem sagrada? Os seres humanos sempre tiveram mobilidade, por esse motivo, os Deuses desses lugares geralmente dão boas-vindas àqueles que os visitam, moram nos locais protegidos por eles e os respeitam. Alguns desses lugares em todo o mundo são considerados sagrados há milhares de anos. Muitas pessoas diferentes viveram nesses lugares. Quem elas são e de onde vieram é secundário – o que é importante para os Deuses do lugar é que essas pessoas estão lá agora e fazem parte da vida desses lugares especiais. A aparência ou o patrimônio genético das pessoas não é importante. Se elas se afastam permanentemente, não farão mais parte daquele local e geralmente não interessam mais aos Deuses que o habitam.

O segundo tipo são os Deuses dos povos. A maioria dos Deuses que consideramos como Divindades Pagãs era desse tipo – parte de determinada cultura e patronos de um povo específico com identidade cultural e histórico genético distintos. A exemplo temos os Deuses hititas, celtas, astecas ou citas, pertencentes a um povo que os defendiam, muitas vezes às custas de outros povos. Algumas dessas religiões são amplamente praticadas atualmente. Por exemplo, o judaísmo tem componentes culturais, genéticos e étnicos, além de ser simplesmente uma questão de assistir a determinados serviços religiosos. Isso também se aplica ao hinduísmo e a muitas religiões nativas americanas e africanas.

É aqui que surge a questão da apropriação cultural. Se a pessoa não é de um determinado povo, nascido em um meio étnico, genético e cultural específico, ela pode adorar esses Deuses? Ela tem o direito de praticar esses costumes? Será que os Deuses querem a presença dessa pessoa? Há uma controvérsia considerável dentro de muitas tradições religiosas sobre quem realmente pertence a elas, uma discussão que se torna obscura para quem está de fora. Por exemplo, dezenas de livros foram escritos discutindo a questão do que é ser judeu e se é possível se converter ao judaísmo e sob quais condições. É preciso ter ascendência genética judaica? E quanto às crianças que foram criadas por famílias judias, mas são adotadas? Como ficam as crianças que foram criadas em outra religião, mas têm ascendência judaica? E quanto às pessoas que praticam o judaísmo como cônjuge gentio, mas não têm ascendência judaica, embora tenham descendentes judeus? Todas as nuances desses assuntos são fontes de constantes discussões dentro da comunidade. O fato de alguém simplesmente declarar que é judeu e acreditar que é capaz de definir o judaísmo é considerado ofensivo pela maioria dos judeus.

Essas questões também estão presentes em outras religiões. Se você se sente atraído por uma Divindade em uma tradição religiosa viva que não faz parte de sua herança, deve agir com muito cuidado. Todo grupo tem regras sobre quem pode fazer parte e quem não pode, em que circunstâncias são bem-vindos e o que devem acreditar para fazer parte da comunidade. Alguns desses grupos aceitam os convertidos, outros não. O respeito exige que sigamos as regras das comunidades às quais desejamos nos unir. Essas questões não surgem quando falamos de religiões que existiram há muito tempo em culturas que não existem mais. Não há, por exemplo, nenhuma comunidade suméria viva que possa ser ofendida.

Deuses Universais

Então, onde isso nos deixa se não formos atraídos pela religião de nosso nascimento? Somos simplesmente definidos por nossos genes? Todos devem adorar os Deuses de seus ancestrais genéticos? Essas perguntas não são novas, e a resposta é não para todas. A partir dessas considerações, surgiu a ideia de Deuses e religiões universais. Tanto os Deuses Universais como as religiões universais acolhem os adoradores independentemente de sua origem e não discriminam com base na ascendência genética de cada um. Religiões desse tipo surgiram há muito tempo na mistura cultural do século 4 EC. Temos a tendência de pensar que as religiões universais são monoteístas, mas isso não é necessariamente verdade. As sete Deusas deste livro acolhem adoradores independentemente de sua ascendência ou herança. Primeiro, vamos investigar como as religiões universais se estabeleceram.

Budismo, a mais antiga religião global

Em algum momento por volta do século 5 EC, um sábio do nordeste da Índia, chamado Siddharta Gautama (mais tarde conhecido como Buda) começou a ensinar o que ele chamava de "Caminho do Meio", uma religião que abraçava a ideia de trilhar um caminho entre a indulgência e o ascetismo. Ele ensinava que o altruísmo era necessário para a felicidade e que ser bom não era fraqueza, mas grandeza. Os cinco preceitos do budismo se baseiam em não ferir os outros, comportar-se com compaixão e evitar a automutilação. Naquela época, esses ensinamentos eram uma ameaça – a maioria das outras religiões ensinava que a guerra era nobre, que matar os fracos era aceitável e que a escravidão e o estupro eram simplesmente partes da vida. Na melhor das hipóteses, cada um tinha uma responsabilidade com seu próprio povo, pólis, tribo ou como quer que se definisse seu povo; destruir e escravizar outras pessoas era bom. Todo grupo era corretamente colocado contra qualquer outro grupo. Até mesmo a filosofia grega fazia uma distinção entre pessoas e bárbaros, sendo que os bárbaros eram aqueles que não falavam grego. A honra e a justiça se aplicavam somente àqueles que também eram pessoas. Os considerados "não pessoas" não mereciam nada.

O outro conceito completamente novo que o budismo introduziu foi a ideia de que qualquer pessoa poderia se "filiar" a eles. Não importava de qual origem, casta, cor da pele, herança étnica ou quem quer que fossem seus pais, qualquer um poderia se tornar budista e ser igual aos olhos da fé. Todos eram iguais, até mesmo escravos ou pessoas de classes sociais mais baixas – todos! O budismo ensinava que as pessoas deveriam ser julgadas com base em suas ações, não em seu nascimento. Além disso, todos eram realmente bem-vindos. Se você estivesse disposto a viver de acordo com os ensinamentos de Buda, bastava isso para pertencer à comunidade. A ideia de quc as pessoas podiam escolher suas crenças e identidade, em vez de nascerem com elas, foi uma mudança radical, um desvio completo das normas da época.

Embora inicialmente confinada à área em que Buda ensinava, no século 4 da EC essa ideia começou a se espalhar muito mais amplamente. No reinado de Chandragupta Máuria (por volta de 321 EC.), o budismo estava se tornando uma religião importante na Índia e se espalhando para outras partes do Sul da Ásia, a caminho de se tornar uma das grandes religiões da História, praticada atualmente por mais de 520 milhões de pessoas em todo o mundo.

Entretanto, o budismo não foi a única fé a surgir nesse período que era universal. Isso significa que a fé não estava confinada a um lugar ou a um povo específico, ela alcançou convertidos de diversas origens. Vamos ver alguns dos motivos pelos quais uma determinada área do mundo, do Mediterrâneo à Índia, era um terreno fértil para a religião universal naquela época.

O Mundo Helenístico

O mundo helenístico não era um império. Alexandre, o Grande, governou brevemente um império que abrangia parte dele, mas durou apenas cerca de dez anos. Após sua morte, seu império se dividiu em vários reinos chamados de "Reinos Sucessores", governados por seus parentes e amigos. Embora alguns estudiosos usem o termo "mundo helenístico" para se referir apenas a esses estados, a maioria se refere à esfera maior de influência cultural, de estados interconectados que se uniam pelo comércio, idioma, cultura e competição, cobrindo uma área muito maior do que a que Alexandre governou. Além disso, o mundo helenístico e sua cultura duraram mais do que os próprios estados como entidades políticas. Mesmo quando grande parte do mundo helenístico foi conquistada por Roma, eles mantiveram sua identidade cultural, inclusive seus Deuses. De fato, todas as práticas religiosas abordadas neste livro foram exportadas para Roma, que conquistou, mas não dominou o intercâmbio cultural. Portanto, estamos falando de um período que vai de 323 EC até o terceiro ou quarto século EC, um período de quinhentos ou seiscentos anos. Ainda hoje, a influência dessa cultura é sentida no Ocidente moderno, com muitas pessoas familiarizadas com os Deuses, as histórias, a arte e a literatura do antigo mundo grego e helenístico.

Basicamente, o mundo helenístico era simplesmente uma vasta área de comércio e contato onde se falava grego. Assim como o inglês é falado em muitos lugares do mundo para negócios, educação e entretenimento que não fazem parte do Reino Unido ou que têm o inglês como idioma oficial, o grego estava na mesma posição. O mundo helenístico não era um império governado pela Grécia. Era uma área em que a língua e a cultura gregas eram influentes, uma área que compreendia muitos estados e muitas pessoas. Assim como hoje é possível encontrar alguém que fale inglês em áreas distantes da Inglaterra ou encontrar pessoas que gostem de filmes em inglês em quase qualquer lugar, no mundo helenístico era possível encontrar falantes de grego, livros escritos em grego e contratos comerciais e moedas em grego em uma ampla área.

Por exemplo, milhares de documentos atestam o comércio robusto entre o Mediterrâneo e a Índia. O Império Máuria, que compreendia a maior parte do subcontinente indiano, até o leste de Bengala e o oeste do Afeganistão moderno, era absolutamente parte do mundo helenístico, com muitas viagens de ida e volta, além de um considerável intercâmbio cultural bilateral. Desde a introdução do arroz na culinária mediterrânea até os elefantes de guerra usados na Grécia, muitas coisas vieram da Índia. De fato, a guerra entre o reino grego selêucida e o Império Máuria terminou em um tratado que incluía, entre outras coisas, Chandragupta Máuria fornecendo a Seleuco quinhentos elefantes treinados em troca do casamento com a filha de Seleuco, Helena.

Ao Sul, os laços helenísticos se estendiam até a África. O Egito era um reino helenístico, sem dúvida, mas o reino de Kush, ao Sul, era parte integrante do mundo helenístico, com rotas comerciais que se estendiam do Sri Lanka à Itália. Eles cunharam moedas em um estilo híbrido que mostrava o retrato de perfil convencional de seus governantes, como faziam os reis helenísticos, mas com as inscrições em seu próprio idioma.

Ao oeste, na atual Líbia, tanto a cidade de Cirene como a cidade de Cartago, até sua queda, desempenharam papéis importantes no contexto do mundo helenístico. Marselha, na França, era uma cidade helenística, assim como Histria, na Romênia, no Mar Negro, mais ao norte. Toda a área entre esses pontos, a maior parte do Mediterrâneo, o Oriente Médio e as regiões do Mar Negro eram uma variedade de estados helenísticos com fronteiras em constante mudança, além de comércio e intercâmbio cultural frequentes.

Os reinos dos sucessores de Alexandre, 303 AEC

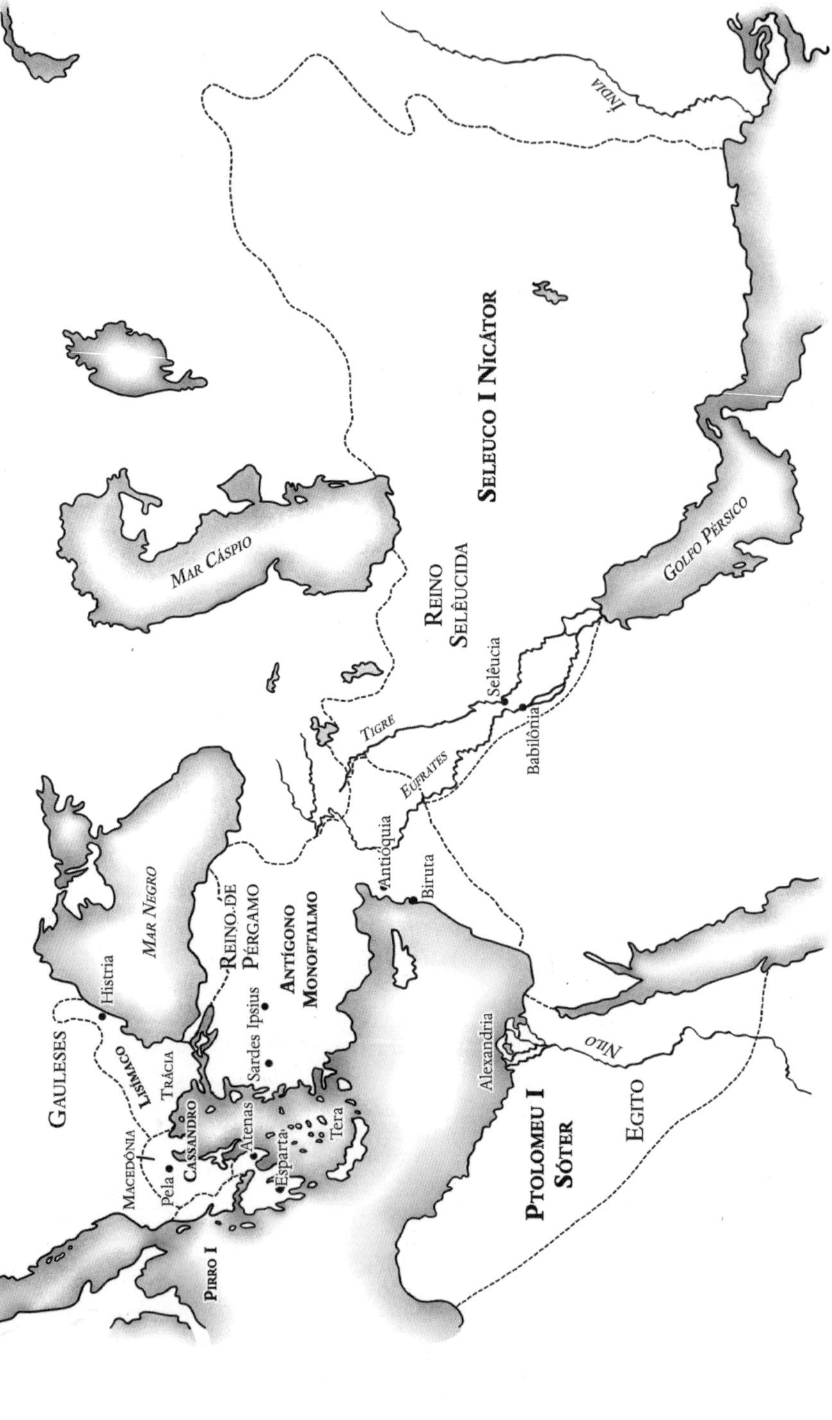

Perguntar "como é a aparência de uma pessoa que fala grego? Ou qual é sua raça e etnia?" é como perguntar o mesmo hoje sobre alguém que fala inglês. Se a única coisa que você sabe sobre uma pessoa é que ela fala inglês, de onde ela é? Da Austrália? Dos Estados Unidos? Da Costa Rica? Da Alemanha? Coreia do Sul? Essa pessoa vive em um país onde a grande maioria fala inglês ou ela usa o inglês como segundo idioma? Qual é a etnia e a religião dessa pessoa? Não há como saber. Mesmo que você adicione a informação de que ela mora atualmente em Nova Iorque, isso ainda lhe diz pouco. Qual é a aparência dessa pessoa? Em que ela acredita? Quem são seus antepassados e quais são suas atitudes? É tão sem sentido fazer suposições sobre os residentes de Alexandria quanto seria sobre as pessoas de Nova Iorque atualmente. O mundo helenístico é uma sociedade vasta e poliglota, composta de muitos estados, pessoas e crenças diferentes, não um império ou uma única cultura.

Sincretismo

O mundo helenístico foi um incubador de cultos universais. Se você e seus vizinhos não compartilham uma única herança étnica, idioma ancestral ou conjunto de histórias unificadoras, vocês fazem parte de uma cultura sincrética. Mas antes de falarmos sobre religião, vamos falar sobre o arroz.

Na China e no Sul da Ásia o arroz era considerado um alimento básico há milhares de anos antes do período helenístico, mas não era comum no Mediterrâneo. Quando os exércitos de Alexandre, o Grande, foram para o leste, conquistando a Pérsia e entrando nas guerras entre os estados indianos pouco antes do período Máuria como aliados de um reino ou outro, eles comeram muito arroz. Além disso, muitos dos dez mil casamentos que Alexandre promoveu entre seus soldados e as mulheres que conheceram nas campanhas eram de soldados macedônios e gregos com mulheres da Pérsia e da Índia. Dez mil casamentos significam dez mil casais e dez mil mulheres emigrando para o Mediterrâneo com seus costumes e receitas. Elas queriam arroz. Estavam acostumados a cozinhar arroz e a servir pratos com ele – eles iam comer arroz. Além disso, à medida que os soldados se aposentavam e suas famílias cresciam, o mesmo acontecia com os bairros multiétnicos. As mulheres compartilhavam receitas. As famílias compartilhavam alimentos. As pessoas abriam pequenas barracas de comida para viagem em Alexandria, Damasco e Cirene. Todos comiam pratos com arroz e gostavam deles. Em vinte anos, o comércio marítimo entre o Egito e a Índia envolvia toneladas de arroz por ano. Os imperadores Máuria taxaram a exportação de arroz. Agricultores empreendedores começaram a cultivar arroz no Egito. Cada prato de arroz que você considera mediterrâneo – cada folha de uva recheada e cada panela de *paella* – é um produto dessa rica mistura.

Assim como as pessoas compartilhavam alimentos, elas compartilhavam ideias. Imagine essas mulheres imigrantes, esposas de militares de uma dúzia de origens étnicas e religiosas diferentes cozinhando, ensinando as crianças pequenas, dando à luz os bebês umas das outras, cuidando de maridos deficientes, desesperando-se com adolescentes rebeldes, preocupando-se com a política e a perspectiva de guerra tudo isso juntas. Elas não compartilhavam apenas receitas. Elas compartilhavam crenças, histórias, orações e encantos mágicos. Elas compartilhavam Deuses.

O que seus filhos ouviam? Essas crianças ouviam histórias de muitas culturas. Elas foram expostas a muitos Deuses diferentes. Desses dez mil casamentos dos quais temos conhecimentos, e de tantos outros que não conhecemos – quantos filhos nasceram nos vinte anos seguintes? Quantos desses filhos se casaram entre si?

Vamos imaginar que estamos no ano 280 da EC, já se passaram quarenta anos desde que seus avós se estabeleceram em Alexandria. Uma quarta parte sua é macedônia por causa de seu avô materno, um soldado de Alexandre. Uma quarta parte é persa, por causa da mulher com quem ele se casou em campanha. Você tem uma quarta parte de grego que vem do seu avô paterno, um soldado da Iônia que se juntou ao exército de Alexandre. E tem uma quarta parte de Sindi por parte de sua avó paterna. Qual é a sua etnia? Qual é a sua herança cultural? Qual é a sua religião?

A resposta é a mesma que é dada a muitas pessoas hoje em dia: é o que você escolhe que seja. Talvez haja uma parte de sua herança que mais lhe agrade, mas é mais provável que seus costumes sejam sincréticos. Você junta as peças de sua herança da maneira que mais lhe agrada e que parece se adequar aos seus costumes. Talvez você comemore um determinado feriado do mesmo jeito que um grupo de avós o fazia. Talvez use determinadas joias, porque elas o fazem lembrar de sua mãe ou de sua avó. Talvez ore a um determinado Deus, porque seu avô sempre fez sacrifícios a ele. Você é livre para escolher entre uma variedade de caminhos em um mundo cosmopolita e gravitar em torno de crenças que acolhem as pessoas, independentemente de sua aparência ou ascendência. Você quer adorar em um lugar onde seus amigos não são bem-vindos? Onde um de seus pais não é bem-vindo? Onde talvez seu cônjuge não seja bem-vindo? É fácil perceber o apelo dos Deuses Universais.

Serápis, o Unificador Concebido

Tomaremos como exemplo Serápis, talvez o primeiro Deus que foi "inventado" especificamente para unir as pessoas. Na década seguinte à morte de Alexandre, o Grande, uma das cidades que ele havia fundado, a Alexandria, no Egito, cresceu enormemente sob o governo do seu amigo e general, Ptolomeu I Soter.

Povoada pelo trem de bagagem do exército de Alexandre, por veteranos que ele convidou de lugares distantes como o Sind, por egípcios que achavam que a nova cidade oferecia oportunidades econômicas e por judeus que foram atraídos pela tolerância religiosa oferecida, a cidade cresceu para talvez 25.000 pessoas em um período muito curto.

Cerca de quinze anos depois, Ptolomeu enfrentou o problema da diversidade excessiva. Quando há muitos grupos com costumes e crenças morais concorrentes, como é possível chegar a um consenso social? Como evitar que cada diferença se transforme em um conflito? Ele era um homem sábio e sabia que havia dois caminhos que poderia seguir como governante: impor leis rígidas que todos seriam obrigados a obedecer, o que elevaria alguns grupos acima de outros, ou criar mecanismos civis que ultrapassassem as fronteiras e criassem experiências compartilhadas. Ptolomeu entendeu que a primeira opção geraria ressentimentos, que continuariam a se deteriorar e, por fim, causariam revoltas. Portanto, tomou uma série de medidas em direção à segunda opção. Por exemplo, Alexandria tinha uma constituição civil que estabelecia as mesmas penalidades para os delitos, independentemente da etnia ou da religião do autor. Ela tinha um conselho municipal eleito por distritos para que cada bairro étnico fosse representado, além de tribunais municipais que também elegiam juízes por distrito[1]. Também tinha escolas que admitiam meninos de todas as etnias (e meninas também, dentro de outra geração).

Como todos os povos representados, exceto os judeus, eram politeístas, Ptolomeu teve a ideia inspirada, mas simples, de acrescentar um Deus que seria o Deus de todos. Cada panteão poderia receber um novo rosto. Assim, todos teriam um centro

1. Justin Pollard and Howard Reid, *The Rise and Fall of Alexandria: Birthplace of the Modern Mind* (New York: Viking Press, 2006).

de adoração compartilhado, um conjunto comum de cerimônias e feriados e um foco público para novos costumes. Ptolomeu disse que Serápis lhe apareceu em um sonho com essa ideia pedindo que o levasse para Alexandria. Acreditando ou não que isso foi uma revelação ou apenas uma boa política, fato é que foi muito eficaz.

Na verdade, essa foi a mesma política adotada pelo jovem Estados Unidos, em 1789. O primeiro presidente, George Washington, criou o feriado de Ação de Graças como um ritual compartilhado por sua nova nação. Embora os festivais de colheita tenham sido comemorados por muitos grupos em diferentes épocas, Washington acreditava que um dia nacional reuniria pessoas de ascendência inglesa, alemã, holandesa, escocesa, polonesa, judaica, afro-caribenha e outras em algo com que todos pudessem concordar: agradecer a qualquer forma de Deus a quem eles rezassem pela colheita e pelas coisas boas que tinham acontecido com eles e suas famílias naquele ano. Oitenta anos depois, na era seguinte da crise nacional durante a Guerra Civil, Abraham Lincoln declarou novamente o Dia de Ação de Graças como feriado. Embora tenha sido comemorado nos anos seguintes, a data oficial do Dia de Ação de Graças que conhecemos hoje foi estabelecida por Franklin D. Roosevelt durante mais uma crise nacional, a Grande Depressão. Cada líder procurou unir as pessoas em um período conturbado. Nos últimos duzentos e tantos anos, uma vasta estrutura de costumes se desenvolveu em torno do Dia de Ação de Graças, que deu as boas-vindas a cada nova onda de imigrantes. Este é o único feriado que quase todos os americanos comemoram.

Assim como George Washington voltou a um passado "cor-de-rosa", em grande parte imaginário, no qual os puritanos amantes da liberdade foram salvos por nativos americanos amigáveis, Ptolomeu também voltou às origens míticas para organizar o culto a Serápis. Alguns estudiosos modernos tentam pintar o Egito ptolomaico como um império colonial do século 19, no qual os europeus oprimiam uma população nativa menos avançada tecnologicamente, mas isso seria impor um quadro de pensamento moderno a uma situação muito mais complicada de milhares de anos atrás. O Egito, o estado do qual Ptolomeu acabara de se tornar governante, era mais antigo e tecnologicamente mais avançado do que a Macedônia, sua terra natal. A matemática, a astronomia, a medicina e outros campos da ciência eram muito mais desenvolvidos em uma população com uma taxa de alfabetização muito maior. Além disso, os macedônios não eram conquistadores – eles haviam libertado o Egito de um período de domínio persa no qual os costumes egípcios foram suprimidos e leis estrangeiras severas foram impostas.

Uma das coisas que causou maior raiva entre os egípcios foi a matança persa do touro Ápis. Acreditava-se que Osíris, o Deus dos mortos, escolheu assumir um avatar terreno na forma de um touro preto perfeito conhecido como "Ápis". Esse touro era considerado o melhor e mais forte e vivia em um celeiro, cercado por um santuário com sua mãe e outras vacas trazidas para reprodução. Quando o touro Ápis morria de velhice, ele era pranteado da mesma forma que um faraó, com setenta dias de rituais fúnebres. As tumbas dos touros Ápis em Saqqara têm dezenas de ocupantes, cada um deles cuidadosamente enterrado com seus nomes e datas inscritos. Depois que o touro Ápis falecido era sepultado, o reino era convocado a procurar um bezerro preto de conformação perfeita, nascido no dia da morte do touro. Quando encontrado, ele e sua mãe foram levados para Saqqara com grande comemoração pelo retorno do Deus.

Quando os persas ocuparam o Egito, eles abateram o touro Ápis como um símbolo da superioridade de seus Deuses. As escavações modernas das tumbas mostram que um touro desse período "morreu quando ainda era um bezerro" e o próximo está faltando, o que coincide com o registro egípcio que diz que o touro Ápis foi morto e banqueteado pelos persas. As tumbas também mostram um touro idoso que morreu no sexto ano do reinado de Ptolomeu, presumivelmente instituído como o touro Ápis logo após Alexandre ter libertado o Egito; a partir daí, a sequência de avatares de touro é retomada[2]. Portanto, Ptolomeu e os macedônios já estavam associados à restauração de uma importante observância religiosa associada a Osíris/Ápis.

Serápis seria, portanto, uma Divindade de fusão que combinava o Osíris/Ápis egípcio com o Hades grego, dois Deuses do Submundo, cada um deles casado com uma rainha sagrada que trazia renovação ao mundo, Ísis e Perséfone, respectivamente. Serápis governaria com Ísis como Senhor das riquezas subterrâneas, dos grãos no celeiro e da colheita. Um de seus símbolos mais poderosos era a cornucópia, da qual fluía um suprimento infinito de pão e frutas. Como o senhor da colheita, ele mudou a ênfase das riquezas a serem obtidas na vida após a morte para a abundância disponível hoje. Em outras palavras, enquanto Osíris se concentrava na tumba, Serápis se concentrava no aqui e agora, na riqueza distribuída livremente e desfrutada em vez de preparada para a sepultura. Dessa forma, Serápis estava muito mais de acordo com os valores dos súditos não egípcios do Reino Ptolomaico, que não tinham milhares de anos de tradição na construção de tumbas incrivelmente elaboradas. De fato, embora as tumbas ptolomaicas certamente existam e tenham sido exploradas por arqueólogos, elas são modestas em comparação com as pirâmides ou as tumbas do Vale dos Reis[3].

2. Aidan Dodson, "Bull Cults" in *Divine Creatures: Animal Mummies in Ancient Egypt*, ed. Salima Ikram (Cairo: American University Press, 2005).

3. Pollard and Reid, *Rise and Fall of Alexandria*.

Em homenagem a esse novo Deus, Ptolomeu I construiu um belo Templo em Alexandria chamado Serapeum. Alguns viajantes o consideravam um dos mais magníficos locais de adoração do mundo antigo. Durante seiscentos anos, ele foi o ponto central da vida na cidade. Uma vez por ano, a estátua devocional de Serápis era levada para "beijar o sol" em um desfile em frente à população. É provável que o ritual fosse emblemático ao retorno de Osíris/Serápis do Submundo.

O Serapeum também era uma maravilha tecnológica. Ele pode ter usado ímãs e engenharia de ponta para criar exibições diferentes de qualquer outra no mundo antigo[4]. Hoje, pouco resta do Serapeum, exceto uma coluna triunfal romana de granito erguida em frente a ele pelo Imperador Diocleciano[5].

Os cultos Universais

A maioria dos Deuses cujo culto se espalhou pelo mundo helenístico eram originalmente atribuídos a um povo específico, que recebia os recém-chegados e tinha um apelo amplo.

Tomemos Afrodite como exemplo. Originalmente, ela era a Deusa grega do amor. O amor não conhece fronteiras. O amor não faz distinção de origem, etnia ou gênero. Se qualquer pessoa pode amar ou ser amada, então Afrodite pode ser a Deusa de qualquer pessoa! Afrodite foi confundida com muitas outras Deusas do amor que já existiam, pois o amor com qualquer outro nome continua sendo amor. Por isso, vemos combinações entre ela e a Asherah do Oriente Médio, por exemplo. As Deusas já tinham muito em comum, por isso era fácil para os adoradores

4. Jean-Yves Empereur, *Alexandria: Jewel of Egypt, trans.* Jane Brenton (New York: Thames & Hudson, 2001).

5. Nicholas J. Saunders, *Alexander's Tomb: The Two-thousand-year Obsession to Find the Lost Conqueror* (New York: Basic Books, 2006).

das cidades comerciais poliglotas ao longo da costa considerar Afrodite e Asherah simplesmente como nomes diferentes para a mesma Deusa. De fato, Afrodite pode ter sido originalmente importada para a Grécia e ter sido um nome para Astarte ou, alternativamente, Ishtar[6]. Pode ser que ela estivesse simplesmente retornando às suas raízes, por assim dizer, ao ser mais uma vez confundida com essas Deusas centenas de anos depois.

Além disso, Afrodite adquiriu atributos e epítetos. Por exemplo, *Afrodite Pandemos* significa "Afrodite de Todos os Povos", enquanto *Afrodite Ninfa* era invocada para casamentos, seu epíteto significando "Afrodite Nupcial". Ela também era uma Deusa do Mar, invocada como *Afrodite Pelagia*, uma padroeira dos marinheiros e das viagens seguras. Às vezes, era também associada a uma mulher governante que tinha a reputação de ser muito bonita. Por exemplo, Afrodite Arsinoe reconheceu Arsinoe II, Rainha do Egito (por volta de 278-268 EC) como um aspecto de Afrodite, talvez, originalmente, porque ela era uma generosa patrona dos Templos de Afrodite, além de sua reputação de grande beleza e deificação no Egito[7]. Afrodite tinha dezenas de epítetos e versões de cultos locais devido ao seu grande apelo.

Embora cada uma dessas Deusas tenha começado como o Deus de um povo específico, elas se tornaram parte dos Deuses Universais, transcendendo a etnia para serem Divindades de qualquer pessoa que quisesse adorá-las. Hoje, elas ainda recebem adoradores independentemente de nascimento ou sangue.

6. Barbara Breitenberger, *Aphrodite and Eros: the Development of Erotic Mythology in Early Greek Poetry and Cult* (New York: Routledge, 2007).
7. Elizabeth Donnelly Carney, *Arsinoë of Egypt and Macedon: A Royal Life* (Oxford, UK: Oxford University Press, 2013).

Dentre os Deuses Universais, convido você a explorar sete Deusas, conhecendo-as primeiro como as conheceria se vivesse no mundo helenístico – por meio de suas histórias. Lembre-se de que uma única história é simplesmente uma interpretação de um vasto conjunto de mitos e crenças, ela não pode abranger a totalidade da cultura e da experiência. Esta é apenas uma introdução, um gole de um poço muito profundo. Venha e experimente.

Capítulo Dois

Tyche, a Deusa da Trapaça

Tyche, conhecida pelos romanos como Fortuna, foi uma das Deusas mais populares do período helenístico. Não se sabe ao certo onde surgiu o culto à Tyche, mas ele se espalhou por todo o Mediterrâneo Oriental por volta do século 3 EC. Como patrona do comércio e da navegação, Tyche era especialmente amada em grandes centros comerciais, como Damasco, Beirute (Biruta), Pelúsio, Alexandria e Palmira. Uma Deusa trapaceira – "a fortuna é inconstante". Ela dá seus presentes e depois os retira, talvez por capricho, ou não. Ganhar e manter seu favor foi objeto de muita arte, cortejando-a como se ela fosse uma *hetaera*, uma das cortesãs educadas que eram independentes e não pertenciam a um homem, ao contrário de muitas mulheres do período. Além dela mesma, Tyche também domina as pessoas com sua capacidade de elevá-las às alturas ou jogá-las nas profundezas. Vamos saber mais sobre Tyche mergulhando no mundo helenístico, nos perigosos anos logo após a morte de Alexandre, o Grande, quando tudo estava se revirando e se reformulando na esteira da agitação.

História: A Dama da Sorte

Era uma vez um jovem apostador que se chamava Arganthus. Magro, moreno, bonito. Talvez tivesse sido um soldado, pois seu cabelo estava começando a crescer depois de ter sido cortado para servir de capacete quando ele chegou a Antioquia. Talvez tivesse servido a Pérdicas ou a alguma outra grande Companhia. Quando ele chegou a Antioquia, não tinha armadura, apenas uma boa faca e um cavalo avariado, do tipo que se encontra quando não há outra montaria disponível. Isso foi no quarto ano após a morte do Grande Alexandre, e havia muitos casos assim, mas Arganthus cuidou de seu cavalo como se fosse o próprio Bucéfalo. Ele encontrou alojamento em uma boa taverna e perguntou se havia algum jogo de azar. Sempre há, e muitos ficam felizes em indicar a direção a um recém-chegado.

Ele se viu em uma festa realizada por homens ricos, ou homens que desejavam ser considerados ricos, onde seu rosto bonito e seu quimono de seda bordada da Babilônia o recomendavam. Seus dados eram de marfim, ele deixou que os examinassem ao redor da mesa antes de fazer seu primeiro lançamento. O lance era pequeno e o vinho era bom, embora Arganthus fizesse questão de bebê-lo bem regado. Um jogador bêbado comete erros, e ele nunca ficava bêbado quando estava trabalhando.

Ainda assim, era um bom tinto bactriano e três horas e algumas taças depois, a sala parecia quente e iluminada, embora ele não pudesse dizer o mesmo de sua sorte. Ele estava quase empatado. Era melhor deixar a mesa logo, antes que viesse a se arrepender de tudo aquilo.

"Vamos lá", disse seu anfitrião. "Mais uma rodada."

Arganthus empurrou uma moeda para o centro e jogou novamente: um dois e um. "Droga!", disse ele, inclinando-se para trás e rindo, enquanto seu anfitrião recolhia o prêmio do pote. Definitivamente, era hora de ir embora. Ele não teve sorte esta noite.

"Talvez sua sorte esteja prestes a mudar". Ele olhou para cima. Ela olhou para baixo, uma bela *hetaera* em um túnica esvoaçante de lavanda, uma imitação cara e pálida do púrpura de Tyrian. Flores douradas pendiam de suas orelhas e algumas flores de ouro entrelaçadas adornavam seu pescoço e desciam entre os seios enquanto ela se inclinava e dizia em seu ouvido: "Aposte tudo".

Seus cabelos eram cor de cobre avermelhado e seu perfume era inebriante. Desconcertado, ele empurrou todos os seus ganhos para o centro. "Tudo ou nada!", disse ele.

Ela sorriu com lábios largos, um punhado de sardas se destacaram em suas bochechas, os olhos cor de avelã dourada brilharam. "A sorte favorece os audaciosos."

"Então seja minha dama da sorte esta noite", disse ele.

O sorriso dela se alargou. Ela se curvou, pegou os dados dele, levou-os à boca e soprou sobre eles, sussurrando algo baixo demais para ser ouvido. Os demais jogadores gritaram e riram. Ela devolveu os dados a ele.

"Tudo ou nada", disse Arganthus, e jogou.

Duplo seis.

Houve um rugido de riso. "Acho que ela é sua sorte", disse o anfitrião.

"Deixa rolar", disse Arganthus. "Alguém? As apostas foram feitas. A mão dela estava em seu ombro. Ele jogou.

Duplo seis.

"Deixe-me ver esses dados", disse um dos jogadores.

Arganthus os entregou. "Pode ficar, vou jogar com os seus", disse ele. "Deixa rolar."

Duplo seis.

Ele olhou para ela em meio ao clamor. "Qual é o seu nome, querida?"

"Tyche", disse ela.

Ele sorriu, porque esse era o tipo de nome que as moças usavam quando estavam trabalhando.

"Você é a minha sorte esta noite", disse ele. "O que pode persuadi-la a se sentar aqui ao meu lado?" Ele estava perguntando o preço dela, e ambos sabiam disso. Havia prata e ouro suficientes sobre a mesa para satisfazer qualquer desejo.

Ela se inclinou bem perto do ouvido dele. "Traga-me alegria. Leve-me ao limite e me dê prazer. Gosto de seu rosto e de seu coração."

"A qualquer momento", disse Arganthus, limpando uma camada de suor da testa.

"Ganhe", disse ela, sentando-se ao lado Arganthus, com a perna encostada na dele.

Duplo seis.

"Está trapaceando?", disse o anfitrião.

"Dê-me os dados que quiser", disse Arganthus. "E você joga com os meus."

Duplo seis.

Quando saiu da mesa, ele era um homem rico. Bem, talvez não rico, mas tinha mais dinheiro do que jamais tivera em sua vida. Tyche levantou-se com ele, sua beleza era um escudo contra os resmungos dos perdedores. "Vamos para o meu alojamento?", ele disse.

Pegando seu braço ela disse, "venha para o meu, ou você não chegará a lugar algum esta noite sem ter a cabeça quebrada. Amanhã de manhã, pegue seu cavalo e vá embora. Há outras cidades, e não há mais sorte para você aqui".

Ele estava embriagado com a vitória, embriagado com ela e talvez um pouco bêbado com o tinto bactriano. "Você virá comigo?"

"Estarei onde você estiver", ela sussurrou.

Arganthus supôs que os aposentos dela ficavam em alguma casa melhor da cidade. Ele nunca conseguiu encontrá-la depois, mas era um oásis de prazer, com luminárias de bronze e vidro persa penduradas e uma cama com bordados vermelhos e travesseiros de todos os tons. Ele a deitou e a satisfez, com a cabeça clara enquanto ela gritava de prazer, sem pensar em sua necessidade. Ela era linda e conhecia essa dança. Vê-la apertar as mãos acima do corpo era uma doce satisfação.

Quando os olhos dela se abriram, brilhantes e ferozes, foi como estar em uma tempestade vasta e terna. A cabeça dele nadava e seu corpo cambaleava, buscando e buscando e depois girando na escuridão.

Ele acordou em plena luz do dia, deitado sobre a palha no estábulo ao lado de seu cavalo. Suas malas estavam prontas e cheias com seus ganhos. Ele tropeçou para se levantar. Estava certo de que havia deixado as malas no alojamento... e certo de que havia ficado com ela... mas, no entanto, lá estava ele com seu cavalo, olhando-o filosoficamente com suas malas e seus ganhos.

"Tyche", disse ele. "Tyche." Seus dados estavam na bolsa ao seu lado, com um leve aroma de incenso.

Arganthus saiu de Antioquia antes do meio-dia e não parou naquela noite. No dia seguinte, ele estava em outra cidade. As crianças estavam pedindo esmolas no portão com uma mulher idosa e ele deu a cada uma delas uma moeda de seus ganhos, suficiente para o pão de vários dias. "Gosto de seu coração", disse ela. A sorte favorece os generosos.

Ele encontrou outra taverna. Lá estava um homem que ele conhecia. Um homem que ele tinha visto nas fileiras há muito tempo. Eles compartilharam uma ave assada, mas foi Arganthus que pagou. "Está com pouca sorte?", perguntou a ele, e o homem lhe contou. Foi uma longa história de infortúnios, no final, Arganthus colocou seis moedas na mesa. "Chame isso de empréstimo", disse ele. "De um veterano para outro."

"Você não vai se arrepender", disse seu amigo. "Eu juro."

"Não precisa jurar", disse Arganthus. "Mas se por acaso você souber de um jogo por aqui..."

Ele ganhou de volta o dobro do que havia dado, mas nenhuma beldade de cabelos acobreados o atendeu. Ele quase podia senti-la em suas costas, um palpite que lhe dizia quando apostar.

E assim foi. Às vezes ele sentia que a Dama da Sorte estava com ele e às vezes não, mas quanto mais riqueza ele doava, mais ele ganhava. Quando comprava suas refeições, deixava uma gorjeta generosa. Ele pagava por suas roupas finas sem pechinchar e, mais de uma vez, deu uma boa moeda para a viúva de um soldado na praça do mercado.

Em Sídon, ele estava em um jogo com homens genuinamente ricos, comerciantes que negociavam em todo o Mar Interior, desde a recém-nascida Alexandria, no Egito, até Tarso. Tudo se resumia a um último lance, e ele pegou os dados e os levou aos lábios, imaginando os dela ali. "Dama da Sorte, esteja comigo", disse ele, e soprou sobre eles.

Duplo seis.

Ele ganhou um navio de um comerciante de Pelúsio e negociou ao longo da costa, aprendendo que o transporte marítimo é apenas outra forma de jogo. O navio ficou perdido por três meses e ele deu às filhas do capitão suas porções de dote e as levou para sua própria casa, mantendo-as como parentes. Então o navio chegou ao porto, com sua carga segura e valendo uma pequena fortuna. Elas correram para o pai com beijos e Arganthus comprou mais dois navios.

Arganthus se casou com a filha mais velha do capitão e a adorava de tal maneira, que chegou a comprar todo um pomar quando ela desejava damascos enquanto carregava seu filho.

Agora o jogo era grande. Os reis e companheiros jogavam dados pelos impérios e Arganthus jogou dados com o governador de Biruta, que controlava a cidade de Seleuco.

"Coloque seus navios no pote de apostas", disse o governador, "Três navios de grãos. Desejo entrar no comércio de grãos."

"Feito", disse Arganthus, porque ele sentiu que atrás dele, estava Tyche com a mão em seu ombro. Ele jogou e ganhou.

"Mais uma", disse o governador, "não vou deixar você parar agora". Ele tinha a aparência de um homem que está sob o domínio de algum tipo de loucura. "Seus navios e meu dinheiro. Na mesa, agora."

"De bom grado", disse Arganthus com facilidade, e os homens ao redor da mesa prenderam a respiração, enquanto ele se recostava despreocupadamente em seu sofá, como se apostasse uma fortuna todos os dias. "Mas o que você tem a oferecer? Eu já o limpei."

"Biruta", disse ele. "Seleuco não se importa com quem a detém. Eu me demitirei em seu favor se você vencer, o que não acontecerá."

"Feito", disse Arganthus novamente. Ele a sentia, veja você. Ele sabia que ela estava lá. "Dama da Sorte, peço que me favoreça", sussurrou ele soprando sobre os dados.

Duplo seis.

Enquanto olhava para a grande areia curva, o porto perfeito, embora Biruta fosse pouco mais que um vilarejo, Arganthus fechou os olhos e deixou que o ar do mar o preenchesse. Leve e salgado, quente e claro, esses eram os sons de casa. E essas pessoas, pescadores que estavam aqui há mil anos e viúvas de Issos, veteranos e seguidores de acampamentos, cananeus e persas, carianos e lídios, toda a ralé do mundo que foi levada como palha para essa pequena cidade – ah, isso poderia ser seu lar.

E era, é claro. Ele ergueu uma estátua na nova praça do mercado às suas próprias custas. Tyche, com o pé na proa de um navio, um sorriso secreto no rosto enquanto levantava uma cornucópia da qual fluía um grande prêmio infinito de moedas de ouro. Viajante, a estátua está lá até hoje.

Questões a serem consideradas

Agora que você leu uma história sobre Tyche, faça um registro em seu diário. Use papel, um instrumento de escrita ou um meio eletrônico de registro. É hora de considerar o que sentiu quanto à história que acabou de ler.

- Qual é a sua reação emocional imediata à história de Tyche? Como você se sente com ela?
- Nas antigas Tradições Pagãs, são comuns as histórias de um jovem que conquista o favor de uma Deusa. O que você acha que Tyche gostou em Arganthus? Por que ela decide favorecê-lo?
- Qual é a sua impressão sobre a própria Tyche? Ela é benevolente? É uma Deusa que você se sentiria à vontade para invocar? Por que sim ou por que não?
- Você já tinha ouvido falar de Tyche antes? Como essa representação dela no mundo helenístico se encaixa no que você esperava? Em que ela é diferente?
- A frase "a sorte favorece os audaciosos" já era uma conhecida sua? Como você acha que isso descreve Tyche, que era conhecida pelos romanos como "Fortuna"?

Culto Antigo: Tyche

Há muitas imagens de Tyche no mundo helenístico. Ela era uma Deusa extremamente popular, cujo culto era muito difundido. Muitas de suas estátuas eram chamadas de "estátuas votivas", o que significa que eram dadas a ela por um doador como agradecimento pela boa sorte que ele havia recebido. A estátua que Arganthus dedica na história é um exemplo disso. As estátuas votivas podem ser grandes, feitas de mármore e colocadas em locais públicos em uma cidade, ou podem ser pequenas e destinadas ao uso doméstico. Um exemplo típico a ser considerado é conhecido como "a Tyche de Antioquia", com o seu pé tocando uma personificação do Rio Orontes, já que Antioquia era um porto fluvial. Ela está em pé, segurando um feixe de grãos na mão, pois os grãos eram o principal produto de exportação de Antioquia. Em sua cabeça há uma coroa que se assemelha às muralhas da cidade, simbolizando segurança. Essa estátua foi esculpida por volta de 300 EC, por Eutiquides, e agora está no Museu do Vaticano, em Roma[8]. Também é importante observar que essa estátua não era originalmente de mármore branco liso. Só achamos que as estátuas clássicas não eram pintadas, porque, na maioria dos casos, a tinta se desgastou ao longo de dois mil anos, deixando apenas o mármore por baixo. Entretanto, as pessoas contemporâneas as teriam visto como os escultores pretendiam, com cores vivas e brilhantes[9]. Tyche teria sido originalmente pintada; talvez seu manto fosse roxo, o grão em sua mão dourado e as ondas crescentes do rio azuis. Diferentes estátuas votivas a retratam com vários objetos, dependendo da economia do local em que foi criada e dos desejos do doador. Grãos são comuns, assim como cornucópias, navios e cascatas de moedas de ouro.

Assim como a Justiça, Tyche também era representada às vezes com os olhos vendados, para simbolizar a natureza cega da sorte. Outro símbolo do capricho de Tyche eram os dados. No mundo helenístico, nossos conhecidos dados de seis lados eram comumente usados para jogos de azar; um jogo muito popular parece ter sido muito semelhante ao jogo de dados. Esse é o jogo que Arganthus joga na história.

8 "Tyche of Antioch," Museum of Classical Archaeology Databases, retrieved January 6, 2021, https://museum.classics.cam.ac.uk/collections/casts/tyche-antioch.
9 Matthew Gurewitsch, "True Colors," *Smithsonian Magazine*, July 2008, https://www.smithsonianmag.com/arts-culture/true-colors-17888/.

O culto à Tyche era bastante simples em comparação com muitos outros ritos antigos. Em geral, ela recebia presentes em uma de suas estátuas votivas em dias especiais, como a data da fundação da cidade ou uma data de significado especial para o doador ou proprietário da estátua. Às vezes, a estátua era enfeitada com flores, geralmente uma coroa de flores colocada em sua cabeça. Outras oferendas, como vinho, frutas, bolos e flores, eram apresentadas solenemente e a Deusa era agradecida pela boa sorte da cidade ou do indivíduo. Às vezes, ela era solicitada para trazer boa sorte. Uma pessoa podia fazer uma oferenda na esperança de obter o favor da Dama da Sorte ou sua ajuda em um determinado empreendimento.

Encontrando Tyche: uma Meditação

Esta meditação pode ser feita de duas maneiras diferentes: em parceria com alguém que leia para você, podendo se revezarem para fazer a meditação, ou simplesmente leia em um local silencioso ou até mesmo grave e reproduza para si mesmo.

Procure um lugar tranquilo, onde não seja incomodado por cerca de vinte minutos. Você pode tocar uma música suave, se quiser. Se tiver alguma música que costuma usar durante a meditação, certamente poderá usá-la. Se for usar incenso, considere uma das recomendações da lista de correspondências no final deste capítulo.

Respire fundo para ajudá-lo a desacelerar. Em seguida, respire fundo novamente. Faça isso até conseguir relaxar. Agora, comece a ler para si mesmo ou peça para que leiam a meditação para você. Se a meditação estiver sendo lida por outra pessoa, feche os olhos. Caso contrário, leia em voz alta lentamente, para ter tempo de absorver as palavras.

Esta pode ser uma experiência intensa, então leia a meditação antes de começar e decida se é algo que realmente deseja fazer.

Imagine-se em uma grande festa. Lotada, cheia de pessoas bem-vestidas. Um lugar elegante, talvez um grande hotel, ou talvez seja uma apresentação de prêmios, como o Oscar ou o VMA. Talvez seja o MET Gala ou o Festival de Cinema de Cannes, ou simplesmente uma festa elegante. Você está perfeitamente vestido para isso. Está absolutamente no seu melhor, seja qual for o seu look preferido. Ao passar pela multidão, as pessoas o cumprimentam com prazer. Não há olhares frios aqui. Talvez você reconheça algumas pessoas, talvez não, mas de qualquer forma todos o conhecem. Todos estão ansiosos para apertar sua mão.

Você caminha pelo tapete vermelho e consegue ouvir os repórteres comentando como está fantástico, como é original, e distinto, e como seu trabalho é incrível. Quando você entra na área principal da festa, as pessoas o recebem. Talvez sejam velhos amigos. Talvez sejam pessoas que você sempre sonhou em conhecer. De qualquer forma, ninguém é pequeno ou invejoso. As pessoas estão genuinamente felizes em ver você. Elas fazem um corredor em direção ao centro da sala.

No final do corredor está uma mulher com um vestido roxo real. Seu cabelo está lindamente penteado. Ela está brilhando com joias de ouro. A mulher está sorrindo e esperando por você. Ao alcançá-la, ela estende as duas mãos para você, pegando a sua enquanto seu sorriso cresce. "É bom vê-lo", diz ela, chamando-o pelo nome.

"Tyche", você diz. "Fortuna".

"Você é meu convidado", diz ela. "Você é um dos afortunados. Conte-me como chegou aqui". Ela o convida a contar como você se destacou, como foi generoso, como teve sorte.

Tyche o convida a falar sobre as oportunidades pelas quais você é grato. Talvez tenha conhecido alguém que o ajudou ou alguém que você ama. Talvez seja o fato de ter tido um emprego ideal ou um determinado professor. Diga a ela. Reserve um tempo para contar a Tyche a boa sorte pela qual você é grato. Saboreie os bons resultados disso. Você tem sorte. Você é abençoado com boa sorte. Conte a ela sobre isso. Agradeça a ela por qualquer coisa que realmente tenha sido resultado de pura sorte.

Quando você termina de agradecer a Tyche pelas bênçãos do passado, ela sorri e o abraça. "Estou feliz por você", diz ela. Você sente os braços dela ao seu redor, o calor do abraço. Ela está encantada com o fato de que algo o deixou feliz. "Diga-me", ela diz, "no que você gostaria de ter um toque de sorte dourada no futuro?"

Pense bem antes de responder. Ela não gosta de pedidos maldosos, nada como "Quero que meu chefe seja demitido para eu ficar com o emprego dele". Ela não gosta de coisas que prejudiquem os outros. "Quero que minha sogra morra para que possamos herdar o dinheiro dela". Tyche gosta de pedidos generosos. "Quero ganhar mais dinheiro para poder ajudar meus pais financeiramente." Ou "Quero ir para a faculdade de medicina para poder ajudar as pessoas que têm câncer." Ela também gosta de pedidos que exigem excelência. "Quero ser a melhor dançarina, jogadora de basquete, assistente social que eu puder ser".

Em seguida, peça a ela a chance, o golpe de sorte que mudará a maré. Lembre-se de que você deve se colocar em posição de receber a recompensa dela. Você não entrará em uma escola para a qual não se inscreveu. Não conseguirá um emprego para o qual não esteja minimamente qualificado. Não encontrará o amor de sua vida se nunca conversar com ninguém ou não se arriscar com alguém. Peça a ela. "Graciosa Tyche, por favor, conceda-me um pouco de sua sorte em X." Se seu pedido for agradável, ela sorrirá.

Agora, chegou o momento em que ela vai soltá-lo e você ficará ali por um momento sob o brilho de sua aprovação. Saiba que seu desejo foi ouvido. Talvez ele seja atendido, talvez não, mas você foi ouvido e conhecido. Você é um dos favoritos da Fortuna.

Deixe que a festa se desvaneça vagarosamente ao seu redor. Lentamente, você retornará deste lugar para a sua própria realidade física.

Abra os olhos.

Quando estiver totalmente recuperado, desligue a música e apague o incenso. Pense por um momento sobre sua experiência. Qual foi a impressão que teve naquele momento? Como se sente agora?

Lições de Tyche: Ter Sorte

Agora que você já leu uma história sobre Tyche e fez uma meditação para conhecê-la, vamos falar um pouco sobre seus dons, sobre ter sorte.

Seja generoso

Como vimos com Arganthus na história, Tyche gosta de generosidade. Ela não gosta de egoísmo. Quando você doa generosamente dinheiro, tempo, recursos emocionais ou conhecimentos, isso a agrada. Toda vez que Arganthus doava dinheiro, ele recebia mais. Quando ele foi generoso com as pessoas – com seu colega veterano, com as filhas do capitão – o que ele recebeu foi a amizade e o amor dessas pessoas. As histórias antigas têm palavras ruins para aqueles que não doam, como "mesquinho" e "avarento". Não ser generoso é ser indelicado. Seja com dinheiro, seja com tempo, seja com amor, dar de graça convida ao favor de Tyche.

Tive muita sorte em minha vida. Tive algumas oportunidades incríveis. Todas elas se devem ao fato de eu ter sido gentil com alguém. Todas elas têm relação com o fato de eu ter sido amigável com um estranho, acolhedora com uma pessoa nova ou prestativa com alguém que precisava. Deixei comentários agradáveis na *fanfic* de alguém que acabou se tornando um editor. Ofereci uma carona para casa na chuva a um novo membro de um clube que acabou se tornando meu amor por trinta anos. Reservei um tempo em uma comemoração do Orgulho para conversar com um estranho que, seis meses depois, foi contratado para um cargo importante e me contratou como seu assistente.

Se você quiser ter sorte, seja gentil.

Dê uma chance a você

Você não pode ganhar se não jogar. Simples assim. Não se pode ganhar o concurso de composição no qual não se inscreveu. Não é possível conseguir um emprego para o qual não se candidatou. Não tem como se casar com a pessoa com quem nunca saiu. Muitas vezes, o que nos impede de ter sorte é o fato de nunca termos nos arriscado.

Há uma piada antiga sobre esse assunto: certa vez, havia um homem que era muito religioso, mas não era muito rico. Ele rezava todas as noites para ganhar na loteria, mas nunca conseguiu. Finalmente, depois de orar por vinte anos, ele disse: "Senhor, o que eu preciso fazer? Eu tento ser bom e digno, mas há vinte anos peço que o Senhor me ajude a ganhar na loteria e nunca ganho".

Dessa vez, o Senhor respondeu. Ele disse: "Ajudaria se você comprasse um bilhete".

Muitas pessoas têm um roteiro interno que diz algo como: "Ah, eu nunca vou conseguir entrar de qualquer maneira. Não sou bom o suficiente. É impossível que eu tenha conseguido".

Bem, você não pode ter conseguido se nunca tentou. Se você não comprar a passagem para seu sonho, nunca vai viajar.

Como vimos na história de Arganthus, ele continuou fazendo escolhas que lhe permitiram vencer. Ele tentou coisas novas, deu uma chance às pessoas, deixou a esperança dominar. Nada arriscado, nada ganho. Tenho visto como isso é verdade em profissões criativas. Muitas pessoas não alcançam seus objetivos, não porque não sejam tão boas quanto as pessoas que o fazem, mas porque não continuam se arriscando. Talvez as coisas deem certo, talvez não, mas só há uma maneira de ter a certeza de que algo não vai acontecer: não jogar. Você pode ter 100% de certeza de que não publicará um livro se não o enviar a uma editora, e nunca entrará em uma faculdade para a qual não se inscreveu. Sempre vai existir aquelas pessoas que ficam felizes em dizer que você não pode vencer. Se der ouvidos a elas, acabará ficando sem nada.

Se quiser ter sorte, ouse.

Esteja disposto a perder

Ninguém ganha ou tem sorte o tempo todo. É preciso estar disposto a perder para poder ganhar. Nem toda inscrição resultará em admissão em uma escola. Nem todo pedido de emprego resultará em uma contratação. Nem todo manuscrito enviado será publicado por uma editora. Nem toda pessoa com quem você sai será seu amor para sempre. Você precisa estar disposto a perder sua aposta

Perder dói. A rejeição é dolorosa. As pessoas nem sempre são gentis em troca. As coisas nem sempre dão certo. Você precisa estar disposto a sofrer. É a forma como você reage à perda que o define. Na história, o primeiro navio de Arganthus desapareceu no mar, um tremendo investimento e uma enorme perda financeira. O que ele fez? Revoltou-se contra o destino?

Tentou encontrar alguém para punir? Disse a todos que a culpa era do capitão que era incompetente? Não, ele levou as filhas do capitão para sua própria casa e as tratou como família. Quando o navio foi encontrado, elas ficaram agradecidas. De fato, uma das filhas passou a amá-lo, e eles se casaram, formaram uma família e foram muito felizes. Arganthus transformou a derrota em vitória por meio de sua própria reação.

Quando eu tinha vinte e poucos anos, trabalhei arduamente para conseguir meu primeiro emprego na política, fazendo um estágio não remunerado que era exaustivo e trabalhando em tempo integral no turno da noite. Depois de meses, consegui uma entrevista para um cargo remunerado em uma consultoria de campanha. Fiz a entrevista e o possível chefe disse: "Vou ser franco com você. Já decidi contratar a mulher que entrevistei ontem".

Eu poderia ter dito algumas coisas realmente horríveis sobre desperdiçar meu tempo ou por ele ter me enrolado por uma hora como se quisesse me contratar quando já havia tomado uma decisão. Mas não foi o que fiz. Agradeci a ele pelo tempo despendido e disse que lamentava ouvir isso, porque eu realmente gostaria de trabalhar ali e achava que eu seria uma ótima opção. Apertei sua mão, disse que esperava ter a oportunidade de aprender com ele no futuro, fui para casa e chorei.

No dia seguinte, ele me ligou oferecendo o emprego. Sua primeira opção recusou. Eu era claramente a segunda opção devido à maneira como lidei com a rejeição. Trabalhei lá por dois anos, aprendi o básico, passei para um cargo de maior responsabilidade e tive a oportunidade de entrar na política que todo estagiário deseja. Tive sorte pelo fato de a outra pessoa ter recusado o trabalho. Mas o motivo pelo qual consegui o emprego foi o fato de eu ter perdido.

Se você quiser ter sorte, esteja disposto a perder.

Um Rito para Honrar Tyche

Este é um ritual para homenagear Tyche e trazer um pouco de sorte para sua vida. Ele foi projetado para uma pessoa fazer sozinha, mas pode ser adaptado para ser feito com outras pessoas.

Você vai precisar de:

- Dados ou um amuleto em forma de dado (*se houver mais de uma pessoa, você vai precisar de um para cada*)
- Incenso (*de preferência de olíbano, mirra, sândalo ou patchouli*) – e um queimador.
- Um cálice ou uma xícara
- Uma imagem de Tyche / Fortuna. Você pode ter uma estatueta ou algo semelhante disponível, ou pode fazer ou desenhar a sua própria ou simplesmente imprimir uma imagem.
- Uma jarra pequena de vinho ou suco de frutas
- Uma tigela de libação
- Uma vela dourada, amarela ou branca

Itens extras opcionais:

- Um bolo abastado – um mini cheesecake, um pedaço de baclava ou algum outro bolo pequeno
- Um pedaço de fruta – pêssegos, figos ou damascos são ideais
- Um prato para as ofertas de alimentos se estiver usando frutas ou bolo
- Uma faca para cortar as frutas, se necessário
- Uma toalha de altar dourada ou roxa

Primeiro, organize seu altar para Tyche. Coloque a imagem centralizada na parte de trás do altar. Em seguida, agrupe os outros itens ao seu redor de maneira agradável. Você pode adicionar outros enfeites, se desejar – coloque mais velas, mais imagens, pratos e copos elaborados e sofisticados para conter a comida e a bebida. É apropriado usar o seu melhor.

Como você está fazendo uma petição direta a uma Deusa em vez de usar um feitiço ou realizar um grande ritual, não será necessário invocar os Quadrantes nem outras Divindades além daquela a quem está fazendo a petição.

Prepare-se vestindo qualquer roupa que evoque adoração para você. Desligue os aparelhos eletrônicos ou luzes elétricas e coloque-se em um estado de espírito reflexivo.

Acenda a vela e diga:

Tyche, Senhora da Sorte, portadora de boa sorte, por favor, esteja comigo e ouça meu pedido.

Depois acenda o incenso e diga:

Tyche, Senhora Dourada, portadora da felicidade, por favor, aceite estas oferendas.

Despeje o vinho ou o suco de frutas na taça. Tome um gole e em seguida despeje uma quantidade generosa da taça na tigela de libação. Coloque a taça de volta no altar.

Se estiver usando frutas, divida-as e coloque metade delas no prato de oferenda. A outra metade deve ser reservada para você e os outros participantes. Se estiver usando bolo, divida-o e coloque metade dele no prato de oferenda. A outra metade deve ser reservada para você e os outros participantes. Uma faca de cozinha pequena pode ser útil (não precisa ser especial) para dividir as frutas ou os bolos com cuidado.

Coloque seus dados ou amuletos em forma de dado no altar. Diga:

Senhora Sorte, por favor, traga seu toque de ouro para este problema em minha vida.

Explique o motivo pelo qual você quer ter sorte – encontrar um emprego, candidatar-se a uma escola, adotar uma criança – qualquer que seja o motivo pelo qual você precisa de um pouco de sorte! Esclareça como a sorte permitirá que você faça coisas que agradem a Tyche, tendo em mente a generosidade e a ousadia.

Pense nesse rito como um apelo a um grande doador de alguma causa. Se você estivesse pedindo a uma pessoa rica e generosa da sua comunidade que doasse dinheiro para o abrigo de animais, financiasse um Kickstarter ou ajudasse em um GoFundMe[10], você diria a ela o porquê de essa ajuda ser importante, não simplesmente "preciso de dinheiro". Você explicaria os resultados positivos da ajuda deles.

Se mais de uma pessoa estiver fazendo este rito, cada uma deve fazer uma etapa por vez, explicando para que deseja sua ajuda.

Agradeça a ela. Novamente, se estivesse pedindo ajuda a alguém e essa pessoa concordasse em ajudar, você a agradeceria. Cada um de vocês deve agradecê-la com suas próprias palavras, terminando dizendo:

> ***Tyche, generosa benfeitora, obrigado por seu presente de boa sorte.***

Se tiver usado frutas ou bolo, você pode dar uma mordida na parte que reservou (se houver várias pessoas, divida o bolo de modo que haja uma mordida para cada). Diga:

> ***Obrigado por essa doçura, para que possamos compartilhar de sua benevolência dourada.***

Agora apague o incenso e a vela. Descarte a libação despejando-a em algum lugar ao ar livre. Você também pode deixar as frutas do lado de fora, mas o bolo deve ser dividido entre os participantes, pois pode conter coisas perigosas para a vida selvagem ou animais de estimação.

Nos dias seguintes, esteja preparado para dar continuidade ao golpe de sorte que surgir em seu caminho. Lembre-se de

10. Site do Estados Unidos de financiamento coletivo. (N.T)

que Tyche pode lhe dar um golpe de sorte, mas ela não pode dar continuidade a ele por você! Lembre-se, você precisa fazer a ligação telefônica, enviar o e-mail, buscar a pista. Você precisa ser ousado. Aproveite a chance que a sorte lhe dá.

Correspondências de Tyche

Aqui estão algumas correspondências para ajudar a honrar Tyche, seja montando um altar para ela, seja planejando um ritual que a invoque, seja simplesmente trazendo um pouco da energia dela para sua vida diária.

Cores: dourado e roxo. Cores suntuosas, douradas, decoradas, exuberantes e ricas – não existe excesso.

Incensos: sândalo, olíbano, mirra, patchouli. Pense em aromas ricos, quase avassaladores. O olíbano e a mirra eram caros no período helenístico, portanto, são apropriados para Tyche.

Símbolos: o símbolo mais notável é a cornucópia, o chifre da abundância. Tyche é frequentemente retratada segurando uma cornucópia da qual fluem riquezas – moedas, grãos, uvas ou frutas, às vezes, todas as opções acima. A cornucópia transborda de abundância, são decorativas e geralmente estão disponíveis no outono como enfeites de Ação de Graças. Encha sua cornucópia com o que quer que simbolize riqueza para você.

Dia do festival: 11 de abril, ou na lua cheia de abril

Comida: pêssegos, uvas, figos ou outras frutas. Bolos abastados também são ideais, cheesecakes ou doces elaborados, bolos de mel ou baclava.

Capítulo Três

Ísis, Mãe do Mundo

Ísis talvez seja a Deusa mais conhecida do mundo helenístico. Seu culto se espalhou a partir do Egito, sua terra natal, por todo o Mediterrâneo indo, no período romano até o norte da Grã-Bretanha e da Alemanha. Há muitas histórias de Ísis, pois ela teve diversas faces e milhões de adoradores ao longo de milhares de anos. A história a seguir foi contada como devem ter sido os primeiros anos do reino ptolomaico no Egito, quando os persas foram expulsos e os antigos Deuses foram acolhidos entre muitos na nova cidade de Alexandria.

História: A Descida

Você me pediu para contar a história, minha senhora Berenice, e é o que farei, embora não saiba se isso a agradará. Esta história não tem heróis como Héracles ou Perseu. Mas você diz que essas não são todas as suas histórias, não são as que as mulheres contam, então vou lhe contar esta como a ouvi quando era menina, em Sais.

Era uma vez uma mulher chamada Tet. Ela vivia em uma pequena aldeia nos pântanos do Delta. Suas duas filhas já eram adultas e casadas e, embora qualquer uma delas quisesse que a mãe fosse morar com elas, Tet gostava de ter sua própria casa com seu cachorro e de fazer as coisas como queria, em vez de ser a sogra na casa da filha, sempre olhando por cima do ombro da jovem e ouvindo tudo o que acontecia entre ela e o marido. Assim, Tet vivia sozinha, exceto por seu cão, e estava bem satisfeita com isso.

Um dia, quando estava caminhando à beira do rio, seu cão correu à sua frente e começou a latir forte, o tipo de latido que serve para alertar. Uma jovem estava deitada na margem do rio com o rosto apoiado nas mãos, o movimento de suas costas mostrava que ela estava respirando. Tet correu até a mulher e a virou. Sua bainha era de linho fino e suas orelhas eram perfuradas para joias, mas ela não usava nenhum ornamento, nem mesmo um cordão de contas de concha pintada. "O que aconteceu com você?" perguntou Tet, levantando-a enquanto suas pálpebras tremiam. "Como você chegou aqui? Qual é o seu nome?"

Abrindo os olhos, a mulher sussurrou, "não me lembro".

Tet sabia que algo terrível havia acontecido. "Você consegue ficar de pé?", perguntou ela. "Minha casa não é longe." Tet ajudou a jovem a se levantar e, com seu cachorro, levou-a para casa, deitou-a em sua própria cama e trouxe água para lavar a lama que estava sobre seu corpo. Havia sangue seco em seus pés, mas nenhum ferimento. Ela olhou para o pano, imaginando o que deveria perguntar.

A mulher, que até então não havia dito nenhuma palavra, olhou para o pano com olhos cheios de angústia e disse. "Meu marido foi assassinado", e não conseguiu dizer mais nada.

"Oh, minha querida", disse Tet, envolvendo-a com os braços. "Você está segura aqui. Precisa descansar. Quando estiver mais forte, poderá me contar o que aconteceu e então vamos apelar para a justiça."

"Não há justiça", disse ela, embora seus braços estivessem apertados ao redor de Tet. "Não há justiça, não há paz, não há cuidado, ele se foi para sempre." E ela chorou.

Nos dias que se seguiram, a jovem parecia mais forte. Ela disse que seu nome era Aset, mas se recusou a dizer a Tet quem havia cometido o assassinato, nem quis dar nomes de quem a conhecia. "Não me lembro", disse ela, repetidamente.

Tet balançou a cabeça enquanto lavava feijões para o jantar, jogando-os no fundo da panela para amolecê-los. A jovem era bem-nascida; não havia dúvida disso. Ela não sabia como lavar feijão, varrer o chão ou fazer fogo. Suas mãos eram longas e macias. No entanto, era gentil e solícita, carinhosa com o cão e feliz em ajudar em qualquer tarefa, por mais inexperiente que fosse sua ajuda. Mas ela não pensava em ir à cidade ou fazer qualquer apelo por justiça. "Ele vai me matar", foi tudo o que ela disse.

A terceira noite desde que a jovem chegou era de lua cheia. Tet acordou quando seu cão se agitou. Ele não rosnou, apenas ficou alerta com as orelhas para frente. Um gato malhado cinza estava subindo os degraus da frente da casa, construídos nas estacas que mantinham o local acima das águas da enchente. O gato fez uma pausa e olhou diretamente para o cão, que abaixou a cabeça sobre as patas. Em seguida, o gato simplesmente entrou, de olho em Tet e no cachorro, e deu uma cabeçada em Aset.

Aset levantou a cabeça e o gato deu outra cabeçada nela. "Oh!" disse Aset. "Você me encontrou!" Ela colocou os braços em volta do gato, que ronronou e se enrolou contra ela.

Tet se absteve de perguntar: "Esse gato é seu?", porque obviamente era. De onde ele tinha vindo? Não poderia ter vindo de longe, mas ela não conseguia pensar em ninguém nas proximidades que tivesse sido assassinado recentemente. Era uma cidade pequena, como tantas outras cidades do Delta. Se um jovem tivesse sido brutalmente assassinado e sua esposa tivesse desaparecido, todos falariam sobre isso por anos!

Nos dias seguintes, Tet perguntou sobre as fofocas da cidade sempre que via alguém. Ninguém falou de assassinato. Muito menos de uma mulher desaparecida. Era muito estranho. No entanto, Aset estava claramente com medo de alguém, então Tet não contou sua história. Quando os amigos comentavam que ela estava comprando comida para duas pessoas, Tet dizia que uma amiga da filha tinha vindo para ficar com ela, porque havia ficado viúva recentemente e não era mais bem-vinda na casa dos sogros, uma explicação que parecia satisfazer a todos. Em pouco tempo, Aset passou a acompanhá-la na aldeia, tímida e com os olhos baixos. Ela não falava nada sobre si mesma, mas ouvia com prazer todas as histórias que os aldeões lhe contavam. Muito cedo para pensar em aborrecimentos, pensou Tet, mas havia algo mais.

Um homem idoso vivia dizendo que tinha algo errado com seus olhos. Eles estavam inflamados e ele não conseguia enxergar para trabalhar. Então ele teve de se sentar diante de sua casa e implorar por ajuda a todos que passavam. Muitos se compadeciam dele, mas poucos podiam ajudar. Tet estava negociando alguns peixes que havia pescado e perdeu o início do que aconteceu, mas chegou a tempo de ouvir quando começou a comoção. O homem estava de pé, com os olhos arregalados. “Estou vendo!”, ele gritou. “Estou vendo! Ela me curou!”

Aset estava por perto com uma tigela. “Eu não fiz nada”, disse ela em voz baixa, “exceto dar um pouco de água ao velho”. Ela inclinou a tigela para cima. “Está vendo? Não há nada nela além de água”.

“Eu posso ver!”, ele gritou novamente e, de fato, sua visão foi restaurada, mas ninguém conseguiu encontrar nenhuma razão para isso. Afinal de contas, ela só havia dado água ao homem.

Não escapou a Tet o fato de que quarenta dias se passaram e Aset não sangrou. Sua cintura era estreita, mas havia uma curva abaixo dela que não seria óbvia em alguém menos esbelto.

"Sim", disse Aset, "é verdade. Eu carrego o filho do meu marido. Se o assassino dele soubesse disso, teria me matado em um instante, e aqui eu não tenho poder".

Tet colocou sua mão sobre a da jovem. "Querida, onde você tem poder? Não posso ajudá-la se não me contar nada. Certamente você tem parentes que estão preocupados com você. Se o seu marido tinha inimigos poderosos, ele também tinha amigos poderosos."

O gato veio e ficou ao lado delas, girando e ronronando, pedindo o colo de Aset. "Não há ninguém que possa se opor a ele", disse Aset. "Não agora. O único que será capaz de fazê-lo é o Príncipe Inocente."

"E onde está esse Príncipe Inocente?" perguntou Tet.

"Aqui", disse ela, curvando a mão sobre a barriga.

A criança nasceu na primeira noite da Inundação, quando as águas subiram ao redor da casinha até que ela ficasse como um barco no mar acima da enchente. Tet pegou o bebê quando ele saiu, deitando-o no peito da mãe antes que ela cortasse seu cordão umbilical com aço. Era um menino, é claro. Seus gritos altos foram interrompidos com o peito, suas pequenas mãos se fechando contra a pele da mãe. O cachorro e o gato ficaram sentados juntos, observando com aprovação.

"Eu te amo muito, meu querido", disse a mãe enquanto Tet enxugava sua testa com água fria. "Você vai restaurar a justiça. Meu doce, meu bebê, meu príncipe".

E é claro que ele fez isso. Você já conhece a história, minha senhora, Berenice. Quando Set matou Osíris e Ísis fugiu do pacífico Ocidente[11], ela veio até nós. Ela se escondeu no Delta do Nilo e lá deu à luz seu filho e o criou até que ele pudesse vingar seu pai

11. Na mitologia egípcia, Osíris ressuscitou, mas não pôde mais reinar na Terra, mas, sim, no "lugar que fica além do Horizonte Ocidental", que é a denominação usada pelos antigos egípcios para se referirem ao Mundo dos Mortos. (N. E.)

e restaurar a justiça de Maat, a paz e a ordem do mundo como deveria ser. Somente Ísis, dentre os Deuses, viveu como uma mulher mortal. Ela conheceu o sofrimento. Varreu o chão, lavou feijões e carregou seu filho com dor. Ela amou como os mortais amam, não com o distanciamento atemporal dos Deuses. Por esse motivo, nós a chamamos de "a Mãe do Mundo". Ela não pertence a um povo ou cidade, mas a todos que lutam aqui. Ela tem compaixão, pois conheceu a dor como nós. Você é viúva, minha senhora Berenice. Você tem dois filhos. Se ela fala com você, é porque você pertence a ela, embora tenha nascido em uma terra estrangeira. Ísis lhe dá as boas-vindas.

Questões a serem consideradas

Agora que você leu uma história sobre Ísis, faça um registro em seu diário. Use papel, um instrumento de escrita ou um meio eletrônico de registro. É hora de considerar sua reação à história que acabou de ler.

- Qual é a sua reação emocional imediata à história de Ísis? Como você se sente com ela?
- Um dos aspectos de Ísis é ctônico[12], como Rainha do Submundo. O que você acha da ideia de que nosso mundo é o Submundo, o lugar de onde se desce do belo Ocidente?
- Como você se sentiu em relação a uma Deusa vulnerável? E quanto a uma Deusa encarnada que é indefesa?
- Muitas histórias antigas incluem uma pessoa comum que acolhe uma Divindade sem saber quem ela é e lhe mostra hospitalidade. O que você achou de Tet e como isso se encaixa em sua compreensão do Divino?

12. Na mitologia, e particularmente na grega, o termo *ctónico* ou *ctônico* designa ou refere-se aos deuses ou espíritos do mundo subterrâneo, por oposição às divindades olímpicas. Por vezes são também denominados "telúricos". (N. E.)

Culto Antigo: Ísis

Ísis tem muitos epítetos, mas talvez o mais conhecido seja "a Mãe do Mundo". Ela é retratada de muitas maneiras diferentes, a mais comum é ela sentada com o filho no colo ou no peito. Ísis era celebrada como uma mãe universal, a mãe de todas as pessoas, independentemente de sua origem e de sua crença, ela acolhia a todos.

Antes do período helenístico, Ísis era exclusivamente uma Deusa egípcia, embora muito antiga, que fazia parte da Enéade, os nove Deuses que compunham as principais Divindades do panteão egípcio. Seu culto, em particular, espalhou-se rapidamente nesse mundo sincrético. Templos de Ísis foram descobertos desde as Ilhas Britânicas até a Etiópia, do Mar Negro até o Marrocos. Portanto, é comprovada uma grande variedade de práticas e cultos antigos. Documentos escritos explicam algumas coisas sobre isso – por exemplo, a *Moralia* de Plutarco explica como o clero de Ísis que ele conhecia se comportava, inclusive o que vestiam e quais restrições alimentares observavam, incluindo não comer peixes de água doce. Entretanto, sua descrição é um retrato de um determinado lugar e época que ele mesmo diz não ser definitivo. Há também evidências arqueológicas. Por exemplo, o Templo de Ísis em Pompeia está bem preservado e serve como exemplo de uma cidade romana na Itália, e não no Egito. Há outras fontes escritas, incluindo o romance de Apuleio, *O Asno de Ouro*, escrito um século depois, mais uma vez em um local diferente, e muitos outros sítios arqueológicos. Em resumo, a questão de como Ísis era adorada no mundo helenístico é complexa e eu o encorajo a considerar mais de uma fonte se você for se aprofundar no assunto.

Ainda assim, há pontos em comum, e são esses pontos que examinaremos com o entendimento de que eles representam apenas parte de um quadro maior e complexo.

Encontrando Ísis: uma Meditação

Esta meditação pode ser feita de duas maneiras diferentes: em parceria com alguém que leia para você, podendo se revezarem para fazer a meditação, ou simplesmente leia em um local silencioso ou até mesmo grave e reproduza para si mesmo.

Procure um lugar tranquilo, onde não seja incomodado por cerca de vinte minutos. Você pode tocar uma música suave, se quiser. Se tiver alguma música que costuma usar durante a meditação, certamente poderá usá-la. Se for usar incenso, considere uma das recomendações da lista de correspondências no final deste capítulo.

Respire fundo para ajudá-lo a desacelerar. Em seguida, respire fundo novamente. Faça isso até conseguir relaxar. Agora, comece a ler para si mesmo ou peça para que leiam a meditação para você. Se a meditação estiver sendo lida por outra pessoa, feche os olhos. Caso contrário, leia em voz alta lentamente, para ter tempo de absorver as palavras.

Esta pode ser uma experiência intensa, então leia a meditação antes de começar e decida se é algo que realmente deseja fazer.

> *Você está ao ar livre em uma trilha que serpenteia entre as árvores. O som de gritos e risadas de crianças preenche o ar. Você está em um zoológico ou talvez em um museu infantil ou em um parque científico. Há placas que indicam onde estão as diferentes coisas, e há crianças por toda parte, correndo alegremente de um lugar para outro, animadas para ver tudo. Talvez você também seja uma criança. Talvez você seja pai, mãe ou avô. Ou talvez simplesmente alguém que também goste de zoológicos ou de parques científicos. De qualquer forma, você está passeando pelas trilhas, apreciando as exposições tanto quanto as crianças.*
>
> *As árvores são grandes e antigas e você desce uma trilha que parece levar a uma área mais tranquila. Quase imediatamente,*

você ouve o canto dos pássaros. Não há multidões aqui. É simplesmente tranquilo e você caminha pela trilha, apreciando a beleza ao seu redor. De fato, o mundo é um lugar lindo.

Uma jovem sai de entre as árvores. Ela sorri para você. Embora esteja vestida casualmente e pareça normal, há algo nela... algo estranho e adorável. Ela é a jovem professora a quem as crianças recorrem quando se machucam, é a mulher que para o carro na estrada para ajudar um cachorro perdido, a babá que corre pelo playground para ver uma criança que caiu e esfolou o joelho, mesmo que não seja a sua. Você conhece o rosto dela. Talvez você a tenha visto há muito tempo, em algum momento pouco lembrado da primeira infância, ou talvez a conheça bem. Talvez até tenha usado o rosto dela, visto-o em fotos e se assustado com sua beleza penetrante. Ela é Ísis. Ela é a Mãe do Mundo.

Agora é a sua chance de cumprimentá-la. Ísis pega suas mãos e senta com você em um banco sob as árvores. Aqui, nesse lugar tranquilo, com o riso das crianças ao longe, você pode contar a ela seus problemas. Você pode expressar a tristeza em seu coração para alguém que você sabe que entenderá e ouvirá com compaixão. Você pode contar a ela sua dor. Ela o ouvirá. Ísis não pedirá nada em troca e não exigirá nada de você. Simplesmente ela quer ajudar, ela sabe ouvir.

Enquanto vocês conversam, ela acena com a cabeça em sinal de compreensão. Ela faz contato visual e pode segurar suas mãos se você achar isso reconfortante. Ela permitirá que você chore em seu ombro, se desejar. Você está seguro. Você é visto. Você é aceito.

Pode ser que ela faça perguntas, levando você a falar. Pode ser que ela simplesmente ouça em um silêncio compassivo. De qualquer forma, ela não tenta interpretar suas tristezas, dizer o que você deve fazer ou julgá-lo. Ela simplesmente as recebe.

Quando finalmente você termina, ela o envolve em seus braços, abraçando-o com força. "Você é amado", diz ela. "Vai dar tudo certo". Você sente uma sensação de paz em suas palavras. "Mesmo quando parece impossível, vai dar tudo certo", ela diz. Você sabe que ela está falando sério. Você sabe que ela já passou por isso. Ela foi uma mulher jovem e grávida, cujo marido foi brutalmente assassinado. Ela temeu por sua vida, refugiando-se entre estranhos. No entanto, de alguma forma, ela superou isso. De alguma forma, ela reaprendeu a ter alegria. Quando ela diz que vai ficar tudo bem, você sabe que, de alguma maneira, em algum momento, vai realmente ficar tudo bem.

Apoie-se nela. Descanse na Deusa até que você esteja pronto para partir. Não há limite de tempo. Não há nada que lhe seja pedido e você pode retornar a ela a qualquer momento.

Quando estiver pronto, levante-se e solte-a se a estiver tocando. "Você pode vir me ver quando quiser", diz ela. "Você sabe o caminho". Ela faz um gesto para o caminho que passa entre as árvores, o caminho que passa por um lugar dedicado à felicidade e ao conhecimento.

"Obrigado", você diz. Você acrescenta suas próprias palavras de agradecimento à Mãe do Mundo. É como se tivesse deixado uma parte do seu fardo aqui na clareira sob as árvores, uma parte do peso que carrega no coração com ela. Ela vai segurá-lo para você. Ela vai guardá-lo para você, com segurança, respeito e proteção.

Você se afasta, voltando para os caminhos principais, sabendo que pode voltar a qualquer momento que desejar. À medida que avança, os caminhos se curvam de volta ao seu mundo cotidiano.

Abra os olhos.

Quando estiver totalmente recuperado, desligue a música e apague o incenso. Pense por um momento sobre sua experiência. Qual foi a impressão que teve naquele momento? Como se sente agora? Essa pode ter sido uma meditação muito intensa. Talvez você queira se ancorar comendo ou bebendo. Talvez queira tomar um banho para ajudar a voltar ao presente físico.

Qual foi a sensação de experimentar o amor incondicional da Deusa? Foi seguro ou assustador? Você se sente energizado ou esgotado? Se estiver anotando suas práticas em um diário, talvez queira escrever sobre essa experiência. Leve o tempo que precisar para processá-la.

Lições de Ísis: Mãe do Mundo

Agora que você já leu uma história sobre Ísis e fez uma meditação para conhecê-la, vamos falar um pouco sobre seus dons.

Compaixão

Como vimos na história, Ísis valoriza a compaixão, que é mais do que apenas se importar: é se colocar no lugar de alguém, perguntando "como eu me sentiria se estivesse no lugar dessa pessoa?" Muitas vezes, quando damos algo a alguém, oferecemos o que achamos que as pessoas deveriam querer, não o que elas realmente querem. Às vezes, são pequenas coisas. Dou à minha filha os sapatos que considero sensatos, práticos e duradouros, não os sapatos pouco práticos que a farão se sentir bonita. Nós, como sociedade, damos aos membros do programa WIC[13] o alimento que achamos que eles devem ter, independentemente de ser o alimento que eles querem ou precisam. A compaixão

13. Programa Especial de Nutrição Suplementar para Mulheres, Bebês e Crianças (WIC) é um programa de assistência federal americano do Serviço de Alimentação e Nutrição (FNS) para cuidados de saúde e nutrição de mulheres grávidas de baixa renda. (N.T.)

exige que imaginemos como gostaríamos de estar na situação da outra pessoa.

Ísis não dá nada em troca de crédito, ela se doa apenas para aliviar a dor. Como vemos na história, ela cura os olhos do idoso e não lhe pede nada em troca. Ela não pede que ele professe um determinado credo. Não pergunta se ele é uma pessoa boa o suficiente para merecer a cura e nem mesmo recebe o crédito pelo ato. Ela simplesmente o cura, porque ele precisa da cura. No entanto, uma das primeiras coisas que aprendi trabalhando para organizações sem fins lucrativos é que os doadores esperam ser generosamente elogiados por suas doações. Eles anseiam regalias, prêmios, reconhecimento constante e agradecimentos. Quanto mais eles doam, mais elogios completos esperam, o que também acontecia no mundo helenístico. Por exemplo, depois que a marinha de Ptolomeu I resgatou a cidade de Rodes de um exército rival, a cidade lhe concedeu o título de Salvador que ele usou pelo resto de sua vida. Ptolomeu, o Salvador – essa é uma grande recompensa! É verdade que as pessoas dão mais quando recebem elogios, mas não é assim que Ísis dá. Ela oferta seus dons de compaixão simplesmente porque as pessoas precisam deles, sem esperar recompensa.

Se quiser ter o favor de Ísis, tente o seguinte: faça doações anonimamente. Ajude simplesmente porque você pode. Não imponha requisitos à sua compaixão, como, por exemplo, "Só o ajudarei a comer se você comer a comida certa". Coloque-se no lugar deles.

Resiliência

A história de Ísis é cheia de sofrimento: seu marido é assassinado, ela foge e, chorando, procura pelo corpo de Osíris. Quando o encontra, ela junta os pedaços para que ele possa estar inteiro na vida após a morte. Ísis o reanima para que possa conceber um filho e se esconde nos pântanos em exílio para dar à luz entre estranhos. Ela é uma mãe que criou seu filho sozinha, esposa de um homem assassinado. No entanto, ela é forte. É corajosa. É amorosa. Ísis espalha compaixão e alegria por onde passa. Suas histórias nos contam que ela inventou a cerveja "para o deleite dos homens". Ela canta, dança e toca o sistro. Ísis se fortalece com seu sofrimento. Ela se torna mais consciente da preciosidade da vida, da beleza das pessoas ao seu redor. Ela ama porque entende. Ela também já passou por muitas coisas.

Se tivermos sorte, conheceremos alguém que encarna essa dádiva de Ísis, alguém cuja própria dor a transformou em um refúgio para os outros. Ísis é a Deusa perfeita para pedir resiliência. Ela já esteve lá, mergulhada na dor e na perda, e oferece um caminho para o outro lado. Ela não ataca com raiva, mas estende a mão com amor. Ela não destrói, mas, sim, reconstrói. Ela se volta para a vida, não para longe dela. Ísis não permite que seu sofrimento a defina ou roube sua vida de alegria ou o futuro que ela e seu filho podem construir juntos.

Misericórdia

A Mãe do Mundo ama todos os seus filhos, até mesmo aqueles que se comportam mal. Você não precisa ser bom para ser digno do amor dela. Você simplesmente precisa existir. Entretanto, isso não significa que Ísis não tenha limites. Um pai amoroso não deixa os filhos fazerem o que querem, mesmo que isso signifique prejudicar a si mesmos ou aos outros. Um pai amoroso tenta orientar os filhos para que façam boas escolhas e os impede de fazer coisas que prejudiquem os outros. Se eles machucarem outras pessoas, os pais ainda os amarão, mas não apoiarão suas ações. O amor, a compaixão e a misericórdia não exigem que se diga que o comportamento prejudicial é aceitável. Se você é uma pessoa que se arrepende, é extremamente reconfortante saber que tomar decisões ruins não significa que vai ficar perdido para sempre. Ela pode não aprovar, mas entende e estende sua misericórdia a todos que se aproximam dela com um coração arrependido.

E quanto às pessoas que não sentem remorso? E aquelas que continuam justificando o fato de ferir os outros? Ísis não as aprova, mas também não as odeia. Como uma mãe que tem um adolescente rebelde, ela espera que a pessoa cresça e mude. Quando isso acontecer, ela estará esperando com sua misericórdia, pronta para recebê-la em casa.

Justiça

Ísis também é a dispensadora da justiça. Ela reina ao lado de seu marido no Horizonte Ocidental, na vida após a morte, e vê as almas dos mortos trazidas diante deles para o julgamento. No entanto, ela também faz justiça no mundo. Mas tome cuidado ao pedir sua justiça, pois ela não gosta de vingança! Ísis também não aprova a justiça que prejudica o inocente por acaso. Ela prefere a restituição à retribuição.

Como ela é a Mãe do Mundo, todos os povos são iguais aos seus olhos, Ísis não gosta especificamente de punições que recaiam indiscriminadamente sobre todos em um grupo. Ela não é o tipo de Deusa que "fere todos os nossos inimigos". A justiça é uma faca de lâmina fina, cujo objetivo é devolver à vítima o que lhe foi tirado, não uma machadinha que destrói aqueles que o feriram. Como a restauração é seu objetivo, sua justiça pode não assumir a forma que você imagina. Afinal, seu objetivo é a cura e a restauração. Em última análise, isso pode ter pouco a ver com a pessoa que os prejudicou.

Como vemos na história, o marido dela não pode ser restaurado ao seu trono como um homem vivo. O assassinato não pode ser apagado. A justiça só poderá vir na próxima geração, quando o filho dela reivindicar o trono e restaurar o equilíbrio, sendo essas duas últimas palavras as mais importantes. Seu filho levará o assassino de seu pai à justiça, mas o objetivo não é punir – é devolver o mundo a um estado melhor para todos que vivem nele. Matar o assassino de seu marido não o trará de volta – isso é impossível, mesmo para uma Deusa. Ao contrário, levar o assassino à justiça permitirá que a sociedade se cure de seus erros e governe como o rei maligno. Ísis será restaurada ao trono, mas não como esposa do rei. Ela será a mãe dele: mais velha e mais sábia, em pé ao lado do trono, como é retratada em tantos relevos.

Um Rito para Honrar Ísis

Este é um ritual para homenagear Ísis e trazer o amor dela para sua vida. Ele foi projetado para uma pessoa fazer sozinha, mas pode ser adaptado para ser feito com outras pessoas.

Você vai precisar de:

- Incenso (de preferência lótus ou kyphi) e um queimador
- Um coração: pode ser de qualquer material que você goste – cerâmica, pedra, metal, até mesmo um coração de papel recortado. Observe que, se tiver mais de uma pessoa, vai precisar de um para cada. Se preferir, um pingente em forma de coração pode ser usado.
- Uma imagem de Ísis: você pode ter uma estatueta ou algo semelhante disponível, ou pode fazer ou desenhar a sua própria. Também pode simplesmente imprimir uma imagem de Ísis.
- Uma pequena jarra de vinho ou suco de frutas
- Uma taça ou um cálice
- Uma tigela de libação
- Uma vela vermelha do tamanho que desejar

Itens extras opcionais

- Música evocativa e uma maneira de tocá-là
- Papel vermelho e utensílios de escrita (se você tiver um grupo maior)
- Um pano de altar vermelho

Primeiro, organize seu altar para Ísis. Coloque a imagem centralizada na parte de trás do altar. Em seguida, agrupe os outros itens ao seu redor de maneira agradável. Você pode adicionar outros enfeites, se desejar – coloque mais velas, mais imagens, pratos e copos elaborados e sofisticados para conter a comida e a bebida. É apropriado usar o seu melhor.

Como você está pedindo diretamente a uma Deusa em vez de fazer um feitiço ou realizar um grande ritual, não será necessário invocar os Quadrantes nem outras Divindades além daquela a quem está fazendo a petição.

Prepare-se vestindo qualquer roupa que evoque adoração para você. Desligue os aparelhos eletrônicos ou luzes elétricas e coloque-se em um estado de espírito reflexivo. Se for tocar alguma música, você pode iniciar agora.

Acenda a vela e depois o incenso se estiver usando algum. Reserve um momento para se centrar. Diga:

> ***Graciosa Senhora, Mãe do Mundo, por favor, atenda à minha petição. Vocês que conheceram tanto o amor quanto a perda estendam a mão com compaixão a todos os seus filhos. Por favor, ouça o que está em meu coração.***

Em seguida, diga a ela com suas próprias palavras o que a incomoda. Tente não ficar cheio de raiva e culpa, embora sentir tristeza seja normal. Por exemplo, expresse-se como: "Estou triste, porque um relacionamento que era muito importante para mim terminou. Estou aflito e triste por nunca ser amado como preciso ser", em vez de: "Meu companheiro era uma pessoa terrível, mas acho que não encontrarei alguém melhor". Ela entenderá seu significado de qualquer maneira, mas tente se concentrar em como você se sente, não na outra pessoa ou em suas ações. Você está pedindo a ela para consolá-lo, seja qual for a sua tristeza, bem como para trazer amor à sua vida, não para punir outra pessoa.

Suas palavras não precisam ser focadas no relacionamento. Por exemplo, "Mãe do Mundo, estou triste por não ter mais filhos. Por favor, ajude-me a abrir meu coração para um filho adotivo ou de criação, para que nossas vidas sejam preenchidas com amor em vez de tristeza". Outro exemplo: "Ó Mãe do Mundo, perdi uma pessoa querida. Chorei, e agora estou disposto a considerar a ideia de amar alguém novamente. Por favor, guie-me para redescobrir a alegria." Ísis está pronta para consolá-lo. Apenas certifique-se de manter o foco de sua petição em você, não nos outros. Ela não responderá bem a "Faça meu ex voltar para mim".

Se você e mais de uma pessoa estiverem fazendo este rito juntos, dê a cada pessoa a chance de falar por sua vez. Se for um grupo maior e eles não se sentirem à vontade para compartilhar seus sentimentos com todos, você pode fazer com que cada pessoa escreva uma carta para Ísis no papel vermelho, reservando um tempo para fazerem suas petições com atenção. Então eles podem dobrar sua carta e colocá-la no altar. Na verdade, essa é uma maneira muito antiga de fazer um pedido à Ísis! Foram encontradas petições à Deusa datadas de milhares de anos. Assim como nos dias atuais, muitos deles pediam ajuda para problemas do coração.

Depois de fazer seu pedido, coloque o vinho ou o suco de frutas no copo. Despeje uma libação para a Deusa na tigela e diga:

Graciosa Senhora, obrigado por me ouvir. Vamos compartilhar isso, da mesma forma que compartilhei minhas tristezas e desejos com você.

Em seguida, beba o que restou no copo, lembrando que você está compartilhando com Ísis.

Pegue o coração que preparou, qualquer que seja o material do qual foi feito. Coloque a ponta dos dedos sobre ele e diga:

Mãe do Mundo, que meu coração se encha.

Feche seus olhos. Imagine o amor dela derramando-se no coração, enchendo-o e carregando-o até que o coração esteja simplesmente cheio dele. Sinta o coração sob seus dedos. Sinta-o como um símbolo tangível de seu amor. Quando estiver pronto, levante o símbolo de coração que criou e segure-o junto ao seu coração. Sinta a sincronicidade entre eles. Deixe este repositório de amor tocá-lo, elevá-lo e começar a preencher seu próprio coração.

Quando estiver pronto, dê um passo para trás, abra os olhos e agradeça com suas próprias palavras. Se houver mais de uma pessoa fazendo o rito, faça um de cada vez.

Guarde o coração. Coloque-o em algum lugar onde você o verá todos os dias. Em seu altar está bom caso tenha um permanente, ou em uma mesa de cabeceira ou no parapeito de uma janela ou escrivaninha. Se o seu coração é um amuleto que pode ser usado, use-o com frequência, especialmente quando sentir a necessidade de amor em sua vida. Diga:

Graciosa Ísis, obrigado por sua atenção e conforto. Assim como você amou sem medo e profundamente, deixe-me amar também.

Apague a vela. Apague o incenso. Despeje a libação no chão. Seja grato pela presença dela em sua vida.

Nos próximos dias, tente incorporar a compaixão e a misericórdia de Ísis em suas próprias ações. Esteja ciente de que a resiliência vem do amor e de se arriscar para estender a mão aos outros, mesmo quando a própria pessoa está ferida. Aprenda com suas bênçãos.

Correspondências de Ísis

Aqui estão algumas correspondências para ajudá-lo a honrar Ísis, seja montando um altar para ela, seja planejando um ritual que a invoque, seja simplesmente trazendo um pouco de sua energia para sua vida diária.

Cores: azul, vermelho, dourado

Incenso: lótus, jasmim ou kyphi

Símbolos: Ankh, flor de lótus, cobra, sistro, trono e muitos outros, dependendo de seu papel específico

Dia do festival: 23 de julho

Comida: pão, tâmaras, mel, cerveja.[14] É especialmente apropriado oferecer cerveja em vez de vinho a Ísis, pois uma de suas histórias é justamente como ela inventou a cerveja e a deu às pessoas como forma de preservar os grãos. No entanto, no período helenístico, ela costumava receber vinho como a maioria dos Deuses, então, se você preferir vinho, tudo bem. Ísis também tem muitas outras correspondências. Ela foi adorada tão amplamente por tanto tempo, e com tantos atributos diferentes celebrados, que acumulou um enorme corpo de diferentes símbolos e histórias.

Estas são algumas correspondências para começar. Se você está curioso, há uma infinidade de bons livros modernos dedicados ao culto à Ísis.[15]

14. DeTraci Regula, *The Mysteries of Ísis* (St. Paul MN: Llewellyn Publications, 1996).

15. Sophia, *The Ultimate Guide to Goddess Empowerment* (Kansas City, KS: Andrews McMeel Publishing, 2003).

Capítulo Quatro

Athena, Companheira dos Heróis

Athena é uma das Deusas mais conhecidas do Panteão grego. Deusa da sabedoria e da estratégia, Athena é invocada como protetora da democracia. Seu culto foi difundido no mundo helenístico. Ela não era apenas a padroeira da cidade de Atenas, onde o Parthenon, seu notável Templo, ainda existe hoje, mas também adorada em muitos Templos da Rota da Seda da Ásia Central até a Espanha. Portanto, seu culto abrangia muitas coisas diferentes em momentos diferentes. Ela tinha uma variedade de nomes, de Athena Parthenos ("Virgem, Sempre Pura") a Athena Strategos ("Sábia na Guerra"). É nessa última capacidade que ela é a companheira dos heróis, a Deusa por trás deles que os inspira a pensar criativamente e a vencer por meio da inteligência. Os homens fortes e heróis que balançam um grande bastão e derrubam todos não são para ela! Athena preferia heróis como o inteligente Odisseu, que levou os gregos à vitória na Guerra de Tróia por meio de um ardil, construindo um cavalo de madeira no qual ele e vários outros homens se esconderam e foram levados para a cidade, escapando à noite para abrir os portões. Athena gosta de estratégia. Não é sobre quantos inimigos você mata ou quão grandes são seus músculos, mas quão inteligente você é.

Em tempos históricos, os líderes eram comparados a Odisseu por causa de sua inteligência. Um deles foi Temístocles, cuja Deusa padroeira era Athena. Aqui está uma história que no mundo helenístico você teria ouvido como um conto, um relato de eventos reais que aconteceram apenas cento e cinquenta anos antes.

História: Wily Temístocles

Dizem que os Deuses não interferem nos assuntos das pessoas hoje em dia, mas isso não é verdade. Nunca a mão de uma Deusa foi mais clara do que para Temístocles de Atenas. Os cínicos dizem que ele era apenas um bom político, mas a política não é estratégia? Digo-lhe que a eleição é uma estratégia tanto quanto a guerra, e Temístocles ganhou tanto nesse campo quanto no outro. Não, ele não ganhava o tempo todo. Ninguém ganha, seja por cédula, seja em um navio enfrentando a frota do inimigo. Mas ele venceu pela graça de Athena quando isso importava, e nós e toda a Grécia deveríamos ser gratos por isso.

Foi na grande guerra contra a Pérsia que o imperador Xerxes decidiu que todas as cidades da Grécia lhe prestariam homenagem, como se fossem meros estados clientes. Algumas lhe deram terra e fogo, como um pote de terra de suas terras e um pote de brasas, mas muitas se recusaram, a principal delas foi Atenas, que não tinha rei, mas uma democracia sob o patrocínio da Deusa da cidade, Athena Parthenos, e eles já haviam lutado contra os persas antes. Foi uma guerra longa e sangrenta. Você conhece a história dos trezentos espartanos que mantiveram a passagem nas Termópilas até que todos eles fossem mortos. Bem, foi isso que aconteceu depois. Os persas marcharam em direção a Atenas.

Como líder eleito na época, Temístocles sabia que os atenienses não poderiam derrotar os persas em terra. O exército persa era enorme e acabara de derrotar os espartanos, que tinham o melhor exército da Grécia. Ele sabia que a força de Atenas estava em sua Marinha, não em seu Exército. Temístocles acreditava que Atenas tinha a melhor Marinha do mundo, o que provavelmente era verdade. Nos últimos dez anos, o próprio Temístocles conseguiu que Atenas votasse para que a Marinha obtivesse recursos para construir cem novos navios. Cada navio tinha remadores que eram homens livres, cidadãos que prestavam seu serviço à cidade dessa maneira, treinados e prontos. Também havia arqueiros – cretenses – que eram aliados de Atenas e serviam nos navios. E, acima de tudo, havia muitos marinheiros que conheciam seu ofício, porque Atenas fez fortuna com o mar. O próprio Temístocles havia servido no mar.

Temístocles não era um herói jovem e bonito. Ele tinha cinquenta anos, era barbudo e atarracado. Seu pai era cidadão, mas sua mãe era uma imigrante de Caria, na Ásia Menor. Ele cresceu na extensa cidade baixa de madeira, fora dos muros onde os pobres viviam. Mas isso era Atenas naqueles dias. Mesmo um homem de nascimento tão modesto poderia encontrar o favor de Athena! Veja, por qualquer motivo a Deusa o marcou. Ele era devotado a ela e à sua cidade. E não era ele o tipo de homem que ela sempre favoreceu, inteligente e determinado, com ideais temperados por uma amarga praticidade?

Quando Temístocles soube que os persas marcharam sobre Atenas a partir das Termópilas, ele sabia que a cidade não poderia resistir. As pessoas seriam massacradas e os sobreviventes levados para a Ásia Menor como escravos. Então, ele ordenou uma evacuação. Havia uma ilha um pouco afastada da costa, Salamina, com um estreito entre ela e o continente. A ilha era rochosa e facilmente defendida e, mais importante, a única maneira de tomá-la seria desembarcando uma força de invasão por mar. Se o povo de Atenas fosse para lá, a frota poderia defendê-los. Você pode imaginar o debate na Assembleia! Abandonar a cidade, abandonar casas e negócios, abandonar até mesmo o Templo da própria Athena, o Parthenon! No entanto, Temístocles discutiu. "Casas e lojas podem ser reconstruídas. Até a própria casa de Athena pode ser reconstruída! Mas Atenas é seu povo, não seus edifícios!

Por fim, com medo e raiva, a evacuação começou. Todos os navios foram colocados em serviço para transportar as pessoas para a ilha. No momento em que a vanguarda persa foi avistada, o povo havia partido, exceto aqueles que não deixaram os Templos da Acrópole. Os persas marcharam. A Acrópole caiu. Da ilha, as pessoas observavam a fumaça subindo para o céu, o próprio Templo de Athena queimando, seu telhado dourado desabando. Eles choraram. Eles oraram. Eles amaldiçoaram Temístocles. Certamente ele deveria ter salvado a cidade!

Temístocles também observava de um ponto alto da muralha. Ele podia ver a névoa da queimada, a baixa combustão dos incêndios se extinguindo. Pensou na cidade que amara durante toda a vida, desde a populosa cidade baixa até o Parthenon. Talvez ele tenha visto a própria Athena deixando as ruínas de seu Templo para pousar ao lado dele na parede, na forma de sua coruja sagrada, sabedoria que voa à noite, caçando em asas silenciosas e invisíveis. A mão dela estava em seu ombro.

Ele se apoiou no parapeito e pensou no que sabia sobre o imperador persa Xerxes: ele não era um homem paciente, poderia ter matado os espartanos de fome nas Termópilas em vez de atacá-los e perder tantos homens no ataque, mas, em vez disso, estava determinado a vencer. Agora, pensou Temístocles, Xerxes podia esperar. Ele segurou o continente. Eventualmente, as pessoas que se refugiaram na ilha ficariam sem comida se a frota persa os bloqueasse. Temístocles sorriu. Para bloquear a ilha, Xerxes teria que aproximar a frota persa. Ele teria que impedir que Salamina fosse abastecida pelo mar. E para isso teria que lutar contra a Marinha ateniense.

Sim, você já viu o plano, não é? Themístocles forçaria os persas a lutarem como ele queria. Mas a Marinha persa não era um alvo fácil. Era maior que a ateniense, já que Xerxes tinha todos os portos do Mediterrâneo Oriental para receber navios. No entanto, todas essas pessoas falavam línguas diferentes. Seus capitães não haviam lutado juntos e respondiam a diferentes senhores. A rainha de Halicarnasso, Artemísia, havia trazido sua carga, mas seus orgulhosos marinheiros nunca haviam lutado com os outros antes. Embora o almirante de Xerxes, Mardunaya, fosse um bom comandante, ele nunca havia liderado muitos desses homens até agora e não conhecia essas águas como Temístocles, que pensou que poderia vencer se fosse inteligente e ousado.

Enquanto isso, os aliados de Atenas estavam ficando preocupados. Eles podiam ver Atenas queimando. Suas cidades seriam as próximas? Qual era a vantagem de ficar e lutar uma batalha perdida? Naquela noite houve um conselho de guerra. Athena deve ter ficado ao lado de Temístocles, porque ele conseguiu convencer os aliados a ficarem e lutarem apesar de todas as suas reservas. Ele contou seu plano inteligente e muitos acreditaram nele.

Após o término da reunião, Temístocles foi até onde sua família estava abrigada com os outros refugiados e encontrou o tutor de seus filhos, que concordou em pegar um barco a remo e ir até os persas, dizendo que tinha informações. Ele diria que alguns dos aliados haviam decidido partir no dia seguinte e que Temístocles estava disposto a trair Atenas por dinheiro e passagem segura para sua família. Se os persas estivessem interessados, ele levaria a mensagem de volta a Temístocles e seria o intermediário. Sim, que homem corajoso ele era! Se os persas não tivessem acreditado, ele estaria morto! Mas felizmente para ele e para Atenas, a Deusa Athena adora um mentiroso astuto; eles acreditaram nele. Afinal, era tudo o que queriam ouvir. Os aliados partiriam ao raiar do dia e Temístocles poderia ser comprado.

Era um estratagema, claro. Agora Temístocles havia preparado uma armadilha. No escuro, a frota persa começou a se aproximar da ilha para impedir que os aliados fugissem. O que Temístocles sabia, mas eles não, era que a água era muito rasa. Isso significava que os navios gregos menores tinham uma vantagem, porque os navios persas teriam que ter muito cuidado para não encalhar e emperrar. E um espaço tão apertado, eles não podiam usar seu contingente muito bem. A maior parte de sua frota estaria fora de alcance com seus arqueiros muito longe para acertar qualquer coisa.

Assim que amanheceu, Temístocles atacou. Um trompete soou e então os homens nos remos começaram a cantar. Era sua canção de vitória, e eles cantavam enquanto remavam direto para a frota persa. Temístocles gritou: "Filhos dos helenos, avancem para a liberdade!" Um navio ateniense disparou para a frente, colidindo com um navio fenício da linha, e então as frotas se aproximaram.

Agora você verá como Temístocles foi esperto! No confronto um a um, a marinharia grega era melhor. Nas águas rasas, eles poderiam bater e abordar os navios persas. Quando um navio afundava ou eles eram jogados ao mar, os gregos sabiam nadar e os persas não. Em águas rasas perto da ilha, os gregos simplesmente nadaram até a praia. Além disso, os persas estavam cansados de esperar em seus postos a noite toda enquanto os gregos estavam descansados. A batalha durou horas, um combate após o outro. Os gregos não perseguiam seus prêmios em águas profundas, esperavam que o inimigo viesse até eles onde tinham vantagem, contando com disciplina e treinamento, bem com a coragem.

Lentamente, a maré começou a virar. Xerxes observou incrédulo como um após outro seus navios foram afundados, capturados pelos atenienses ou encalhados nas rochas ao redor da ilha. Quando o dia terminou, a frota persa estava em pedaços e fugindo. Temístocles havia vencido contra todas as probabilidades.

O que aconteceu então? Eles foram para casa, é claro. Os navios transportaram as pessoas de volta pelo estreito e elas reconstruíram sua cidade. Limparam o Templo e consertaram a estátua da Deusa. Construíram casas e mercados novos e agradeceram a Athena, que colocou a mão em Temístocles como fizera com os heróis de outrora, mostrando a ele como vencer por meio da estratégia.

Questões a considerar

- Qual é sua reação emocional imediata à história de Temístocles? Por que você se sente assim?
- Que tipo de herói é Temístocles? Por que você acha que Athena o favoreceu?
- Como o favor de Athena se compara ao das outras Deusas que exploramos? Qual é a semelhança e qual é a diferença?
- Como essa história se encaixa em sua compreensão sobre Athena? Ela é uma Deusa que você se sentiria confortável em invocar? Por que sim ou por que não?

Culto Antigo: Athena

Athena adora estrategistas inteligentes, heróis engenhosos que vencem com um grande plano, em vez de destruir tudo em seu caminho. Ela é mais do que uma Deusa da batalha – é também a campeã da democracia.

Campeã da Democracia

A história da Batalha de Salamina é verdadeira e vem de várias fontes históricas. Uma delas, o poeta Ésquilo, foi testemunha ocular.[16] Ele era muito velho para fazer parte da tripulação de uma galé, mas era um dos homens mais experientes que esperavam em Salamina como uma última defesa para o caso de os persas conseguirem passar. Ele nos conta:

> *Todo o desastre foi desencadeado por algum poder vingativo. Um grego veio da frota ateniense e foi isso que ele disse a Xerxes: "Quando o manto escuro da noite cair, os gregos não esperarão mais, eles saltarão para seus bancos de remo e se espalharão, salvando suas vidas fugindo. Xerxes deu ouvidos a isso sem perceber o engano grego ou o descontentamento dos Deuses com ele, e deu essas ordens a seus almirantes. Durante toda a noite, os comandantes mantiveram seus navios a postos e toda a frota em seus remos, mas a noite já estava quase no fim e os gregos não haviam tentado fugir.*[17]

Athena, é claro, é o "poder vingador", a Deusa cujo Templo foi queimado pelos invasores persas. É ela que é apresentada ao lado de Temístocles, como fez com Odisseu na *Ilíada*, com a mão em seu ombro, inspirando-o a enredar habilmente seus inimigos. Historicamente, está claro que Temístocles derrotou os persas com sua estratégia inteligente.[18] Uma das imagens da Deusa em Atenas neste período é um frasco de óleo (agora em exibição no Metropolitan Museum) mostrando Athena usando seu capacete e segurando uma lança em um navio vitorioso.[19]

16. William Shepherd, *Salamis 480 BC: The Naval Campaign that Saved Greece* (Oxford, UK: Osprey Publishing, 2010).
17. Aeschylus, *The Persians*, trans. Robert Potter (London: Routledge & Sons, 1932).
18. Barry Strauss, *The Battle of Salamis* (New York: Simon & Schuster, 2004).
19. Frasco atribuído ao Brygos Painter, Metropolitan Museum, New York: https://www.metmuseum.org/art/collection/search/251932.

No entanto, Athena é mais do que vingadora. Por que ela favorece os atenienses em primeiro lugar? Porque esse é seu papel como Protetora da Democracia. Atenas foi um dos primeiros estados a ter um governo eleito por cidadãos do sexo masculino em um mundo onde quase todos os países eram uma monarquia. A democracia era um experimento. Pode até ter sido um experimento curto, mas foi. Apenas algumas gerações antes de Temístocles, Atenas havia derrubado uma oligarquia para estabelecer um governo eleito. Se Atenas tivesse caído nas mãos da Pérsia, sem dúvida teria sido administrada por um governador ou um oligarca simpatizante dos persas instalado como governante. A experiência de eleger líderes teria acabado.

A democracia ateniense inspirou governos democráticos em todo o mundo por mais de dois mil anos. Mostrou que é possível ter cidadãos elegendo seus líderes e, por isso, parece maior culturalmente do que jamais foi politicamente. No nosso tempo, assim como na época de Temístocles, a democracia está sendo atacada. Athena ainda é extremamente relevante como campeã da democracia.

Deusa da Estratégia e do Planejamento

Outro papel histórico de Athena é como Deusa da estratégia e do planejamento. Enquanto Ares e outros eram os Deuses da Guerra no mundo helenístico, Athena era vista especificamente como governante de táticas e estratégias, em vez de combates físicos. Na história amplamente conhecida da Guerra de Tróia, ela ajudou o herói Odisseu a descobrir como quebrar o impasse por meio de um ardil inteligente. Essa história foi amplamente contada como uma ilustração de que, às vezes, quando a força muscular não é suficiente, o cérebro faz a diferença.

Mas é claro que a estratégia e o planejamento não são importantes apenas na guerra – eles são importantes na maioria dos empreendimentos. Construir uma estrada ou um edifício requer um planejamento elaborado. Criar um currículo escolar, organizar uma clínica, administrar um acampamento de verão, manter uma plataforma de vendas pela web, planejar o cardápio de um restaurante – todas essas atividades no mundo do trabalho exigem planejamento e estratégia. O papel de Athena abrange todas essas coisas. Ela nos ajuda a criar bons planos, porque mesmo um bom trabalho é inútil se não estiver a serviço de um bom plano. Assim, Athena é relevante em muitos campos.

Encontrando Athena: uma Meditação

Esta meditação pode ser feita de duas maneiras diferentes: em parceria com alguém que leia para você, podendo se revezarem para fazer a meditação, ou simplesmente leia em um local silencioso ou até mesmo grave e reproduza para si mesmo.

Procure um lugar tranquilo, onde não seja incomodado por cerca de vinte minutos. Você pode tocar uma música suave, se quiser. Se tiver alguma música que costuma usar durante a meditação, certamente poderá usá-la. Se for usar incenso, considere uma das recomendações da lista de correspondências no final deste capítulo.

Respire fundo para ajudá-lo a desacelerar. Em seguida, respire fundo novamente. Faça isso até conseguir relaxar. Agora, comece a ler para si mesmo ou peça para que leiam a meditação para você. Se a meditação estiver sendo lida por outra pessoa, feche os olhos. Caso contrário, leia em voz alta lentamente, para ter tempo de absorver as palavras.

Esta pode ser uma experiência intensa, então leia a meditação antes de começar e decida se é algo que realmente deseja fazer.

Você está na sacada de um prédio com vista para uma grande cidade. É noite e as estrelas no céu ecoam nas milhões de luzes da cidade. A cidade se espalha abaixo de você como se estivesse olhando para uma piscina repleta de estrelas. Talvez seja uma cidade que você conhece bem. Talvez seja algum lugar que você imaginou ir. Ou talvez não tenha ideia do que é esse lugar, apenas que é lindo e abriga milhões de pessoas. Abaixo, as ruas estão cheias de vida. Carros, restaurantes, teatros, gente passeando no frescor agradável. A cidade é cheia de histórias. Cada vida é preciosa, única como um ponto de luz no céu. Você olha para aquilo tudo de um lugar alto.

Você vê um movimento com o canto do olho. Uma coruja pousa não muito longe, silenciosa, exceto pelo clique de suas garras no trilho de metal. Ela afofa suas penas e, de repente, muda de forma, assumindo a forma de uma mulher. Ela veste branco, tem um elmo prateado na cabeça e os olhos que encaram você são cinza como aço. Você sabe que esta é Athena e se curva em reverência.

"Você veio me ver", diz ela. "Por quê?" Sua voz é curiosa, não desafiadora. Ela não está com raiva, apenas interessada. Ela quer saber.

Conte a ela. Explique com suas próprias palavras porque a procurou, porque queria conhecê-la. Talvez seja devoção ou necessidade. Talvez seja simplesmente curiosidade. Ela está meramente interessada em seus motivos.

Quando termina, ela olha para você e o avalia ativamente. "O que você esperava aprender com isso?"

É uma boa pergunta. O que você esperava aprender? Diga a ela. Talvez você queira aprender algo que vai ajudá-lo com um problema. Talvez seja para aprender mais sobre ela. Ou talvez seja algo totalmente diferente. Diga a Athena o que você queria aprender com este encontro.

Ela balança a cabeça lentamente. "E por que você quer saber isso?" Essa pergunta é ainda mais difícil. Pense antes de falar. Será que você quer saber algo que vai lhe ajudar a atingir uma meta? Ou quer ter uma visão sobre um problema? Você acha que a sabedoria e a estratégia dela ajudarão a conseguir algo? Ou você está simplesmente com fome de conhecimento? Este último é o que mais a agradará, mas todos são bons motivos.

Athena escuta. "Você encontrará as respostas para suas perguntas", diz ela. "Pode ser mais fácil do que você espera". Ela dá um sorriso fino e conhecedor. "Lembre-se, saber o que você quer saber é metade da solução. Você pode ir longe fazendo as perguntas certas". Seu sorriso se alonga. "Pense nisso".

"Eu vou pensar", você promete.

Ela olha por cima do trilho para a cidade brilhando no escuro. "Um milhão de pessoas", diz ela, "e cada uma parte do todo. Procure o padrão e você entenderá o brilho. Há maravilha na natureza. Também há admiração na constituição dos humanos e nos padrões que eles criam para cuidar uns dos outros. Isso não é menos bonito do que florestas intocadas ou mares selvagens". Athena olha para você novamente. "Pense nisso", ela orienta. "E saiba que você pode me encontrar aqui se quiser".

Antes que você tenha a chance de dizer algo mais ou mesmo respirar, ela se transforma novamente, a coruja se lançando do corrimão, planando em asas silenciosas sobre a cidade brilhante abaixo. Você assiste com admiração. Ela olha para seu povo e você a observa até que ela desapareça de vista.

Então você volta ao presente, lentamente, pacificamente.

Abra os olhos.

Desligue a música gravada se estiver usando alguma. Apague as velas e o incenso e diga:

Obrigado, Athena Brilhante, por falar comigo.

Saiba que você pode realmente voltar para a varanda acima da cidade sempre que quiser falar com ela novamente.

Pense por um momento sobre sua experiência. Qual foi a impressão que teve naquele momento? Como se sente agora? Esta pode ter sido uma meditação muito intensa. Talvez você queira se ancorar comendo ou bebendo. Talvez queira tomar um banho para ajudar a retornar ao presente físico.

Qual foi a sensação de conversar com Athena? Foi seguro ou assustador? Você se sentiu energizado ou esgotado? Se estiver anotando suas práticas em um diário, talvez queira escrever sobre essa experiência. Leve o tempo que precisar para processá-la.

Lições de Athena: A Companheira dos Heróis

Agora que já lemos uma história sobre Athena e fizemos uma meditação para conhecê-la, vamos falar um pouco sobre seus dons. Athena era conhecida como "aquela dos olhos brilhantes", podendo ser interpretado como uma descrição de sua aparência, mas a melhor tradução seria "visão aguçada". Athena vê os problemas em sua essência, portanto, ela tem o *insight* para resolvê-los. Todos nós, em vários momentos da nossa vida e empreendimentos, precisamos de sua visão para nos ajudar a entender como lidar melhor com alguma situação. Aqui estão algumas maneiras pelas quais Athena traz clareza às coisas.

Pensando nas coisas

Um de seus grandes dons é pensar bem nas coisas. Na maioria das vezes, quando nos deparamos com um problema, nosso instinto é reagir. Porém, nosso primeiro impulso pode não ser a melhor resposta. Precisamos parar e pensar. Precisamos considerar cuidadosamente nosso próximo passo, em vez de simplesmente reagir. Ser estratégico nos servirá melhor a longo prazo.

Por exemplo, digamos que você está comprando um carro. A maioria das pessoas que tentar vender um carro para você tentarão forçá-lo a fazer um acordo. Eles dirão coisas como: "Último dia", "Tenho outro comprador muito interessado", "Você não precisa do seu mecânico para dar uma olhada. É certificado", "Nosso financiamento é a melhor taxa que vai conseguir", e assim por diante. Quantas dessas coisas são verdadeiras? Um comprador de carro sábio considera tudo isso com cautela. Talvez seja um grande negócio, talvez não. Mas um comprador esperto percebe que a tentativa de fazer você se decidir sem pensar no negócio é no mínimo suspeito. A única maneira de saber se é a melhor taxa é comparando. O único jeito de saber se o carro está bom é levando para alguém, que não seja o vendedor, examinar. É melhor demorar um pouco mais e obter mais informações do que comprar um carro do qual você se arrependerá.

Athena nos exorta à cautela. Como Temístocles, muitas vezes nos deparamos com situações espinhosas que não têm respostas fáceis. O sucesso depende de muitas variáveis complexas. Precisamos considerar cuidadosamente obter informações e tomar uma decisão informada, em vez de pular para fazer a primeira coisa que vem à mente. Na maioria das vezes, é melhor desacelerar e tomar uma boa decisão do que uma decisão rápida.

Deixando de lado as pressuposições

Outra coisa que Athena nos ajuda é abrir mão de nossas pressuposições. Muitas vezes construímos paredes invisíveis em torno de nossos pensamentos. Isto ou aquilo não pode dar certo, porque são impossíveis ou pelo menos impensáveis. Claro, às vezes estamos errados. Assumimos que um determinado candidato não pode vencer ou que uma pessoa responderá de certa maneira ao que fazemos ou que outras pessoas têm as mesmas motivações que nós. E estamos errados. Outras pessoas agem de maneiras que parecem imprevisíveis, não porque realmente são, mas porque nossas pressuposições nos impedem de ver suas verdadeiras motivações.

Por exemplo, se tivermos como pressuposto que todos os nossos funcionários querem ganhar o máximo de dinheiro possível, estamos ignorando que alguns deles podem preferir horários flexíveis a mais dinheiro. Alguns podem preferir atribuições mais interessantes, mesmo que venham com o mesmo salário. Outros podem valorizar o desenvolvimento profissional em vez do dinheiro. Outros podem considerar seus limites éticos mais importantes do que ganhar mais dinheiro. Se mantivermos o pressuposto de que o que os outros querem é dinheiro, podemos estar perdendo o que realmente motivaria nossos funcionários. A maneira de descobrir é perguntando. Mais uma vez, precisamos desacelerar, pensar bem e coletar mais dados.

Temístocles sabia o que a frota persa estava fazendo, porque havia reunido informações; ele não estava adivinhando. Ele sabia que os navios ficariam presos em águas rasas, porque sabia o quão fundo precisava ser para eles navegarem e quão profunda era a água ao redor da ilha. Ele tinha os pontos e dados relevantes. Não uma simples suposição. Parte da estratégia, parte do dom de Athena, é abrir mão de pressuposições e analisar a situação atual com precisão.

Seguindo sua visão

A inspiração é uma ideia que surge do nada. Insight é uma ideia que surge da reunião de informações relevantes. Na história, Temístocles enganou os persas com um estratagema ao enviar o tutor de seus filhos a eles com um acordo falso. Isso foi absolutamente inteligente e perspicaz, mas foi baseado nas informações que ele reuniu. Uma vez que tinha todas as peças, ele as seguia para onde levavam. Este é o último passo na formulação da estratégia. Obtenha as informações. Deixe de lado suas pressuposições e então siga sua visão para a conclusão. Temístocles sabia que seus adversários acreditavam que os aliados fugiriam. Ele sabia que o inimigo acreditava que os atenienses estavam desmoralizados com o incêndio da cidade. Sabia que Xerxes não estava disposto a ser paciente. Quando juntou essas peças, Temístocles viu como elas eram vulneráveis e ofereceu um acordo que era bom demais para ser verdade.

Frequentemente, esse é o ponto em que nos questionamos a nós mesmos. É muito louco. É muito lá fora. É muito arriscado. Mas se você fez as duas etapas anteriores, o risco é calculado. Themístocles equilibrou o risco da batalha contra o de permanecer na ilha com comida limitada e uma cidade cheia de refugiados. Ele obteve as informações de que precisava e seguiu seu insight, embora o plano parecesse perigoso.

Agora que conhecemos Athena em uma meditação e lemos uma história sobre ela como "a Companheira dos Heróis", aqui está um ritual para pedir a ela que nos ajude com um problema em nossa própria vida que precisa de estratégia e planejamento.

Um Rito para Honrar Athena

Este rito em homenagem à Athena envolve pedir sua ajuda com algo que você precisa para fazer um plano ou uma estratégia a ser realizada. Pode estar relacionado ao seu trabalho ou a um objetivo pessoal complexo de alcançar. Por exemplo, se seu objetivo é comprar uma casa, há muitas partes envolvidas – melhorar sua classificação de crédito, encontrar um corretor de imóveis respeitável para trabalhar, decidir sobre uma faixa de preço e área, ser pré-aprovado para uma hipoteca e assim por diante. Você vai precisar de planejamento e pensamento estratégico para ter sucesso. Se seu objetivo é voltar a estudar, você vai precisar encontrar a escola certa, procurar ajuda financeira, bolsas de estudos ou estágios e antecipar o processo de inscrição – uma tarefa longa e assustadora para a qual você vai precisar de alguma estratégia. Pense no que você está trabalhando em sua vida que requer um planejamento complexo.

Este rito foi projetado para uma pessoa fazer sozinha, mas pode ser adaptado para ser feito com outras pessoas. Se estiver ritualizando com várias pessoas, cada uma delas vai precisar de um símbolo da ajuda de Athena – um amuleto, uma estatueta ou uma obra de arte que representa uma coruja.

Você vai precisar de:

- Incenso (*de preferência pinho, carvalho ou cedro*) e um queimador
- Papel e um instrumento de escrita
- Uma imagem de Athena – uma estátua ou algo semelhante disponível, ou você pode fazer ou desenhar a sua própria. Se preferir, use a imagem de uma coruja
- Uma pequena jarra de vinho ou suco de frutas
- Uma taça ou um cálice
- Uma tigela de libação
- Uma vela azul ou cinza, do tamanho que quiser

Itens extras opcionais

- Imagens ou estatuetas de corujas
- Música evocativa e uma maneira de tocá-la
- Uma toalha de altar azul ou cinza, que caiba no altar que você está usando

Primeiro, organize seu altar para Athena. Coloque a imagem centralizada na parte de trás do altar. Em seguida, agrupe os outros itens ao seu redor de maneira agradável. Você pode adicionar outros enfeites, se desejar – coloque mais velas, mais imagens de corujas ou algumas penas. Se desejar, vista-se de branco ou cinza para o rito. Certifique-se de ter o papel e o instrumento de escrita onde possa alcançá-los.

Como você está pedindo diretamente a uma Deusa em vez de fazer um feitiço ou realizar um grande ritual, não será necessário invocar os Quadrantes nem outras Divindades além daquela a quem está fazendo a petição.

Prepare-se desligando dispositivos eletrônicos ou luzes elétricas e colocando-se em um estado de espírito reflexivo. Se for tocar alguma música, você pode iniciar agora.

Acenda a vela e depois o incenso se estiver usando algum. Despeje vinho ou suco de frutas na taça ou cálice e diga:

Athena, Companheira dos Heróis, peço que compareça.

Despeje uma libação na tigela e diga:

Athena, Deusa da Estratégia, por favor, aceite minha oferenda como fazia com as oferendas de antigamente, para que seja em sua honra.

Tome um gole do vinho ou suco e em seguida, coloque o cálice no altar.

Agora que você tem a atenção de Athena, explique com suas próprias palavras o que deseja dela. Leve o tempo que precisar, explicando o que está tentando fazer, quais são as dificuldades e em que parte gostaria que ela ajudasse. Por exemplo:

Gostaria de sua ajuda para me qualificar para uma hipoteca. Existem tantos negócios diferentes com tantos bancos e organizações diferentes, gostaria de sua ajuda para decidir qual é o melhor para mim e me qualificar para isso.

Ou:

Estou tentando entrar na faculdade e preciso de ajuda com as candidaturas complicadas e para decidir em quais me candidatar.

Se você estiver fazendo este rito em grupo, cada pessoa pode explicar em que precisa de ajuda.

Depois de pedir a ajuda de Athena, dê a ela a oportunidade de responder. Com o papel e o instrumento de escrita em mãos, sente-se em silêncio e escreva ou esboce no papel o que vier à sua mente em relação ao seu plano. Pode ser um fluxograma; uma lista de coisas que você precisa examinar; um desenho do seu objetivo. Reserve algum tempo em silêncio sem distração para permitir que Athena esclareça seu processo. Não precisa ser perfeito. Como disse Voltaire: "O perfeito é inimigo do bom".[20] Tentar tornar as coisas perfeitas muitas vezes nos impede de torná-las boas. Não se prenda à perfeição – isso são apenas notas para você. Espero que sua dedicação o ajude a trabalhar em direção ao seu objetivo, mas não precisa ser polido.

Quando tiver dedicado algum tempo para fazer isso e todos estiverem prontos para seguir em frente (se estiver fazendo isso com outras pessoas), largue o papel e os instrumentos de escrita. Fique na frente do altar e dirija-se a Athena, dizendo:

> *Athena, Companheira dos Heróis, Deusa da estratégia, obrigado por sua ajuda com meu objetivo. Eu a honro e agradeço.*

Apague as velas e o incenso se estiver usando algum e esvazie a tigela de libação do lado de fora, se possível. Se sobrar vinho na taça, beba-o ou divida-o, mas não o derrame.

Reserve algum tempo para pensar sobre este rito nos próximos dias. Você pode descobrir que seu pensamento sobre o processo se tornou "desbloqueado". Também pode perceber maior clareza sobre qual é o seu objetivo. Se desejar repetir o rito, faça isso. Seja grato pela mão de Athena em seu ombro.

20. Susan Ratcliffe, *Concise Oxford Dictionary of Quotations*, (Oxford, Reino Unido: Oxford Publishing, 2011).

Correspondências de Athena

Aqui estão algumas correspondências para ajudá-lo a honrar Atenas, seja montando um altar para ela, planejando um ritual que a invoque ou simplesmente trazendo um pouco de sua energia para sua vida diária.

Cores: azul, branco e cinza

Incenso: pinho, carvalho, palmarosa e cedro

Símbolos: coruja, leme, galé (navio a remo), escudo e lança

Dia do festival: 1° de agosto

Comida: azeitonas

Capítulo Cinco

Atargatis, a Sereia do Grande Rio

Atargatis é pouco conhecida hoje, mas no período helenístico seu culto era muito difundido. Ela era uma das Deusas padroeiras do Império Selêucida, um reino que no seu auge se estendia da Turquia moderna através da Síria, Iraque, Irã e ao Norte, até o Turquemenistão. A influência selêucida foi muito difundida – imagens de Atargatis foram encontradas no oeste da França. Como Dea Sura (uma contração de Dea Syria, "a Deusa da Síria"), ela era popular durante o período romano em todo o império. No entanto, em comparação a Deusas como Ísis, ela é relativamente desconhecida hoje, um resultado direto da quantidade limitada de material disponível que sobrevive desde os tempos clássicos.[21] Simplesmente, pouco se sabe sobre ela a partir de escritos. Hoje, a arqueologia começa a preencher algumas lacunas, mas o que sabemos sobre Atargatis vem principalmente de histórias e lendas nas quais ela não é a protagonista.

21. Per Bilde, "Atargatis / Dea Syria: Hellenization of Her Cult" em *Religion and Religious Practice in the Seleucid Kingdom*, vol. 1 (Oxford, UK: Aarhus University Press, 1996).

Esta história de Atargatis e Sammuramat é baseada em uma versão contada por Diodorus Sículo, um autor helenístico do primeiro século EC, que ouviu as histórias contadas em todo o Mediterrâneo em seu tempo.[22] No entanto, quer Diodoro soubesse ou não, Sammuramat é baseada em uma pessoa real, uma rainha do império Neoassírio, cerca de oitocentos anos antes de seu tempo. Ela estava tão distante no tempo de Diodoro quanto Eleanor da Aquitânia está de nós.[23] No entanto, como agora, histórias de rainhas de outrora sempre inspiraram, entretiveram e provocaram novas histórias. Continue lendo para mais uma nova versão dessa história!

História: Trovão do Céu

Era uma vez, há muito tempo, um jovem pescador chamado Hadad. Ele morava com sua mãe em uma casa sobre palafitas nos juncos dos pântanos, fora da grande cidade da Babilônia, e pescava no grande rio que chamamos de "Eufrates". Hadad tinha um pequeno barco, o suficiente para um homem e sua pescaria. Ele era um jovem muito bonito, inteligente e trabalhador, que conhecia os caminhos do rio – os canais principais e todos os remansos entre as ilhas pantanosas onde os peixes desovavam. Costumava sair de casa pouco antes do anoitecer, porque sabia que muitos peixes se alimentavam ao pôr do sol, no início da noite quando ainda estava claro, porém mais fresco, e os mosquitos zumbiam sobre a água – perfeito para os peixes comerem.

Certa noite, quando estava pescando, sem que percebesse começou a ficar muito tarde. A Lua havia subido e feito um caminho de luz através das águas largas. Hadad ouviu um barulho e se virou, pensando que era um peixe grande que talvez pudesse

22. Diodorus Siculus, *The Library of History Book II*, trans. C. Bedford Welles (Cambridge, MA: Harvard University Press, 1963).

23. Georges Roux, *Ancient Iraq* (Londres: Penguin Books, 1992).

pegar com sua rede. Mas não era. Balançando na água do canal principal estava uma mulher! Sua cabeça e ombros estavam acima da água, longos cabelos escuros flutuavam esparramados ao seu redor, seus olhos eram cinza escuro, da cor de nuvens de tempestade. Ela olhou para ele e sorriu.

O primeiro pensamento de Hadad foi que de alguma forma uma jovem havia caído no rio e ele precisava resgatá-la. O segundo pensamento foi que aquela não era uma jovem comum.

"Quem é você?" ele perguntou.

Ela sorriu e mergulhou na água com uma graça sinuosa. A jovem se aproximou do barco e apoiou os braços na lateral, os belos seios nus logo acima da água.

"Você é esperto", ela disse. "Essa é a pergunta certa".

"Você vai responder?" perguntou ele, molhando os lábios. Hadad conhecia as histórias.

Seu sorriso cresceu.

"Meu nome é Atargatis e você é Hadad. Eu já o vi antes muitas vezes. Você pesca neste trecho do rio e trabalha sob o sol quente puxando redes, mas também sob a luz da lua. Ela se moveu novamente, houve um som macio quando sua cauda quebrou a superfície e escamas verdes e prateadas brilharam. Ela era meio mulher e meio peixe, veja bem, com a parte superior do corpo de mulher e uma cauda forte com duas barbatanas, como um golfinho.

"Você é um espírito do rio".

"Eu sou o espírito do rio", ela disse com um movimento de seu cabelo. "Eu sou o Eufrates, e o rio é meu. Desde suas águas superiores no alto das montanhas até os pântanos onde encontra o mar, eu sou o rio. Sou cada curva deserta, sou a água que passa pelas muralhas da Babilônia, atravessada por muitas pontes".

Hadad respirou fundo.

"O que você quer de mim?"

"Uma noite em seus braços", ela disse, "por razões minhas. Se você me agradar, eu lhe darei uma bênção".

Hadad disse sim, e você pode se perguntar, por quê? Talvez porque ele estivesse sozinho no rio em um pequeno barco. Talvez porque ela fosse bonita. Talvez por medo ou desejo, mas, conhecendo Hadad, provavelmente foi por curiosidade. Ele era um jovem muito inteligente, veja bem, não é todo dia que alguém tem a chance de se deitar com uma Deusa. Não é o tipo de coisa que se recusa quando aparece no seu caminho, principalmente quando você sempre se questionou sobre tudo.

E assim ele fez. Ao amanhecer, ele remou para casa, guardou seu barco, entrou em casa e deitou em sua cama para dormir.

"Não pegou nada esta manhã?", sua mãe perguntou antes que ele caísse nos sonhos.

"Os peixes não estavam mordendo", disse Hadad.

Ele voltou no dia seguinte, e no seguinte, e no seguinte. A habilidade de Hadad na pesca havia aprimorado consideravelmente. Embora não fosse algo extraordinário, certamente era melhor do que no passado. Ele nunca mais retornou para casa de mãos vazias; sempre trazia o suficiente para que sua mãe pudesse vender nos mercados da Babilônia. A cada novo amanhecer, ele entregava em casa uma pesca abundante e se recolhia para a cama, enquanto sua mãe seguia para a cidade para comercializar os peixes. Assim eles prosperaram como nunca antes. Se Hadad esperava por alguma bênção maior, ele foi filosófico sobre isso. Tinha sido somente uma noite, e se isso trouxesse alguma sorte, já era o suficiente. A expressão de preocupação comprimida havia deixado o rosto de sua mãe.

Uma noite (um ano e um dia desde a noite em que conheceu Atargatis, embora ele tivesse esquecido a hora exata) Hadad estava pescando ao luar quando novamente ouviu um mergulho. Ele se virou rapidamente no barco.

Nadando em sua direção, lá vinha ela, segurando algo acima da água. Agarrando-se ao barco, Atargatis entregou algo a ele. Hadad olhou para ela em estado de choque.

Era uma menina, não recém-nascida, mas com cerca de três meses de idade, com cabelos escuros e macios e olhos bem abertos. Examinando seu rosto pensativamente, Hadad percebeu que eles eram do mesmo cinza misterioso de sua mãe, a cor de um céu prestes a uma tempestade.

"O nome dela é Sammuramat", disse Atargatis. "Eu disse que lhe daria uma bênção. Ela não é só para você. É para todas as pessoas do rio".

"Mas é um bebê", disse Hadad. Não foi a coisa mais brilhante a se dizer, mas ele estava bastante surpreso.

"Ela é nossa filha", disse Atargatis. "E você a criará e ela cumprirá um grande propósito. Agora é hora de dizer adeus". Ela se curvou, beijou a testa da filha e, com um movimento de sua cauda brilhante, desapareceu sob a água.

"Espere!" Hadad disse, mas não houve resposta. Em seus braços, Sammuramat o observou, sua testa enrugada como se estivesse preocupada. "Bem", disse Hadad colocando-a cuidadosamente entre os joelhos, porque precisaria das duas mãos para levar o barco para casa. "Acho que é isso". Ele teria algumas explicações para dar a sua mãe.

Considerando, até que sua mãe aceitou a história muito bem. Naquela manhã ela foi aos mercados da Babilônia e comprou uma cabra para que houvesse leite para o bebê. "Daremos um jeito", ela disse. "Eu sempre quis uma neta". E assim eles fizeram.

Com o passar dos anos, Sammuramat cresceu ao longo do rio, nadando quase antes de poder andar. Ela era rápida para rir, inteligente, habilidosa com as mãos ao trançar e colocar redes ou cestas, forte e confiável. Ela cresceu com pernas compridas e cabelos escuros que crepitavam e estalavam quando eram escovados. Bronzeada e corajosa, não tinha medo nem mesmo dos grandes navios que poderiam invadir um pequeno barco de pesca desavisado. Quando ia ao mercado com a avó, parecia que Sammuramat conhecia todo mundo, ela fazia amizade com todos, até mesmo com os comerciantes de joias que eram mal-humorados e os estrangeiros que mal falavam uma palavra adequada. Quando ela fez quinze anos, todos a conheciam, mas ela não se deixava cortejar. Sammuramat era escorregadia como um peixe e evitava todos os avanços com um sorriso.

Nessa época, o rei que governava Babilônia era Sulmanu-asaredu, o rei assírio que havia conquistado a cidade quando Hadad era um garotinho. Ele era um rei muito rico e grandioso, quarenta e duas cidades o reconhecia como governante e ele comandava um exército de milhares que obedeciam aos seus desejos. Talentos de ouro e prata fluíam em suas mãos como tributo de Damasco à Arábia, até Susa e às terras altas do Norte. Ele teve muitos filhos, mas seu herdeiro foi o príncipe Shamshi, que tinha quase dezoito anos.

E assim se espalhou nos mercados da Babilônia que o rei Sulmanu pretendia abastecer o harém para seu filho quando ele atingisse a maioridade. Havia aqueles que temiam isso e escondiam suas filhas, com medo de que pudessem ser escolhidas. Algumas garotas prontamente fugiam com rapazes que amavam para que fossem desqualificadas. Outras esperavam ser escolhidas, afinal, isso não lhes daria uma vida de riqueza e facilidade? Quando os eunucos armaram grandes tendas na praça diante do antigo Templo de Ishtar, as filhas dos mercadores chegaram lindamente vestidas em liteiras para se apresentarem, enquanto as filhas dos pobres se alinhavam e as observavam.

Acompanhando seus amigos, Sammuramat foi até lá ver tudo de perto. Eles observavam admirados as roupas extravagantes, as garotas com braceletes de ouro no braço e os eunucos que entrevistavam cada uma delas. Foi muito emocionante.

"Não seria maravilhoso", disse uma de suas amigas, "nunca mais ter que trabalhar duro?"

Sammuramat esticou o pescoço para ter uma visão melhor. "Não consigo imaginar que alguém trabalharia mais do que aquela escolhida pelo príncipe", disse ela. "Audiência e diplomacia, embaixadores e tesouros. Imagine manter uma casa do tamanho de um palácio! Todos os servos que respondem a você e criam seus filhos para serem responsáveis e gentis! E não um marido comum que se preocupa em pescar o suficiente, mas um que tem que se preocupar se haverá guerra. E se ele tomar uma decisão ruim, as cidades queimarão e seu povo morrerá".

Com isso, um jovem que estava ajudando os eunucos a escreverem os nomes das prováveis garotas, virou a cabeça. Ele era alto e bem constituído, embora se curvasse um pouco para parecer menor, e tinha um início de uma barba bem aparada. "Você está certa", disse ele. "O príncipe fará de alguém sua esposa, a mãe de seu herdeiro, e ninguém terá que trabalhar mais do que ela. Mas também seria bom se ela pudesse compartilhar seus fardos e sua labuta".

"Então ele deveria se casar com uma garota que quer trabalhar", disse Sammuramat. "Não uma garota mimada que não quer nada além de roupas chiques. E se ele cuidasse dela e a respeitasse e a tratasse bem, talvez ela o amasse tanto quanto o reverenciava, assim seus fardos seriam aliviados".

"Você é muito sábia", ele disse, e seus olhos pousaram nos dela. "Quem é você?"

"Sou Sammuramat," ela disse, "filha de Hadad, o pescador. E não estou aqui para entrar na lista. Não espero que o príncipe vá considerar a filha de um pescador".

"Shamshi pode surpreendê-la", disse ele.

Certamente você já adivinhou, não é mesmo? O jovem era o próprio Shamshi, fingindo ser um de seus servos para poder ver as meninas sem que elas se posicionassem e se exibissem da maneira que fariam quando encontrassem o príncipe. Ele era esperto também. Quando conheceu Sammuramat, ele sabia que havia encontrado a garota que procurava. É evidente que ele a escolheu.

E é claro também, por ser este o tipo de história que é, eles passaram a se amar mutuamente. Em pouco mais de um ano eles tiveram um filho chamado Hadad-Nirari, um lindo garotinho que se tornou o herdeiro quando Shamshi se tornou rei. Sammuramat era sua rainha e seu alicerce em todos os aspectos, e ela, por sua vez, era respeitada e influente. Provavelmente eles foram muito felizes por um longo período de tempo e, juntos, tenham governado com sabedoria e bondade. Mas é claro que não foi tão simples assim. Após Shamshi ter governado por apenas quatro anos, os medos[24] invadiram o país. Houve uma grande batalha. Centenas de homens morreram, seus corpos foram deixados para as pipas, porque eles fugiram do campo e não puderam nem mesmo trazer seus mortos. Um deles foi Shamshi, que morreu bravamente com seus homens na batalha.

A notícia da grande derrota chegou à Babilônia como um vento negro. As pessoas corriam pelas ruas de casa em casa, rasgando suas roupas e colocando cinzas em seus rostos. Nos salões do magnífico palácio, havia silêncio. O rei estava morto e Hadad-Nirari tinha apenas cinco anos – ele não poderia governar um reino poderoso. Ele não poderia liderar um exército contra os medos. Era apenas um garotinho que estava aprendendo as letras e brincando com bichinhos de brinquedo. "Quem nos guiará?" as pessoas clamavam. "O que será de nós?" Já imaginavam a grande cidade caída com pessoas mortas nas ruas.

Seus gritos cortavam sua tristeza e sua dor. Sammuramat ergueu a cabeça. Era como um vento em suas costas, o vento que vem antes da tempestade. "Eu o conduzirei", ela disse, então beijou o filho e o deixou no berçário para brincar, vestiu uma

24. Os Medos foram uma das tribos de origem ariana que migraram da Ásia Central para o planalto iraniano durante a Antiguidade.

armadura e saiu em uma carruagem diante de seus homens. Sammuramat levantou uma lança para o céu. "Eu sou o Trovão do Céu!" ela disse. "Eu sou a Filha do Rio! Aqueles que tentarem contra mim, cairão!"

Ela sabia os números do agrupamento. Conhecia os generais que os lideravam. Conhecia as aldeias que enviaram homens para o exército. Conhecia as mulheres que os esperavam em casa. Tudo isso ela aprendera como rainha de Shamshi. Ela trabalhou para isso ao lado dele. Agora Sammuramat estava sozinha.

Quando os soldados medos desceram sobre a Babilônia, foram recebidos com dilúvio e fogo. E então, como um trovão no céu, as carruagens de Sammuramat atacaram em seu flanco. Eles fugiram em debandada. O exército mediano foi derrotado. Estratégia e coragem ganharam o dia.

Sammuramat reinou como regente de seu filho por treze longos anos. Então ela entregou a coroa ao filho e recuou como sua conselheira, embora Hadad-Nirari a tenha ouvido por toda a vida e a honrado. Ele construiu estátuas em sua homenagem – sua mãe, a filha de Atargatis que salvou seu povo e reinou sobre eles em paz.

Questões a serem consideradas

Agora que você leu uma história sobre Atargatis e sua filha Sammuramat, faça um registro em seu diário. Use papel, um instrumento de escrita ou um meio eletrônico de registro. É hora de considerar sua reação à história que acabou de ler.

- Qual é a reação emocional imediata que você teve à história? Como isso fez você se sentir?
- Existem muitas histórias de jovens que são filhos de um Deus e que crescem para se tornarem heróis que inesperadamente surgem para salvar seu povo. O que você achou da história de uma jovem que é filha de uma Deusa fazendo o mesmo?

- Por que você acha que Atargatis decidiu ter uma filha com Hadad? Qual era o propósito da Deusa? Como isso se encaixa no seu conceito do que uma Deusa pode fazer?
- O que você achou da própria Atargatis? Você pode estar familiarizado com as sereias, mas uma sereia do rio pode ser uma ideia nova. O que você achou dela como a Deusa Sereia do Rio Eufrates?

Agora que lemos uma história na qual figuram Atargatis e sua filha, vamos nos aprofundar mais no culto à Atargatis.

Culto Antigo: Atargatis

No primeiro capítulo deste livro, falamos sobre os Deuses do Lugar. Atargatis é um bom exemplo de um Deus do Lugar que se tornou um Deus Universal.

A Deusa Sereia

Parece que Atargatis foi inicialmente adorada como o "Espírito do Rio Eufrates" na forma de uma sereia. No entanto, na época da histórica Rainha Sammuramat (cerca de 800 EC), seu culto se espalhou pelo Império Assírio.[25] Como a estatuária e as inscrições datam desse período, pode-se teorizar que reflete os interesses dos governantes que favoreceram seu culto. No entanto, Atargatis permaneceu uma Deusa da fertilidade assíria que talvez tivesse um culto complexo e que às vezes era confundida com Astarte ou Ishtar.

Algo mudou com a ascensão do Reino Selêucida logo após a morte de Alexandre, o Grande, início do período helenístico. Inscrições e estatuária começaram a se espalhar para longe da pátria assíria para a ilha grega de Delos, para Ptolemais, no Egito, e até para Roma, possivelmente devido à maior mobilidade. Conforme discutido anteriormente, quando as pessoas

25. Bilde, *Atargatis*.

– especialmente as mulheres – viajavam com os exércitos da época, elas traziam suas Deusas. No entanto, Atargatis parece ter encontrado um terreno fértil onde seu culto foi trazido, a julgar pelo grande número de inscrições descobertas. Este culto parece ter desenvolvido uma tradição de mistério com Templos que mantinham ritos elaborados para iniciados.[26]

Houve um abraço deliberado de Atargatis pelos reis selêucidas, assim como os Ptolomeus no Egito abraçaram Ísis? É possível. Algumas moedas selêucidas produzidas pelas casas da moeda real mostram Atargatis sozinha ou Atargatis e Hadad já em 300 EC.[27] No entanto, não se sabe se isso refletia um desejo deliberado de espalhar seu culto ou era simplesmente um reconhecimento do lugar que Atargatis já ocupava. Seja qual for o motivo, seu culto se espalhou. Por exemplo, cem anos depois, há uma inscrição votiva de Acre, no que hoje é Israel, que diz: "Para Hadad e Atargatis, os Deuses que ouvem as orações, Diodotos, filho de Neoptolemos, em seu nome e em nome de Philista, sua esposa e seus filhos, dedicou este altar em cumprimento de um voto". A inscrição está em grego, assim como os nomes dos dedicadores.[28] Vale ressaltar que isso não significa que Diodotos e Philista eram gregos em termos de etnia. Assim como nos Estados Unidos modernos, onde muitas pessoas têm nomes ingleses, mas não são de herança inglesa, o mesmo aconteceu no mundo helenístico com nomes gregos. Se o nome de alguém é John, isso não significa que eles sejam descendentes de ingleses ou europeus. Diodotos e Philista podem ter sido gregos ou simplesmente tinham nomes gregos, porque essa era a cultura dominante.

26. Bilde, *Atargatis*.

27. Jan Zahle, "Religious Motifs on Seleucid Coins," in *Religion and Religious Practice in the Seleucid Kingdom* (Oxford, Reino Unido: Aarhus University Press, 1990).

28. Javier Teixidor, "Interpretations and Misinterpretations of the East in Hellenistic Times" in *Religion and Religious Practice in the Seleucid Kingdom* (Oxford, Reino Unido: Aarhus University Press, 1990).

É possível ler a inscrição como evidência de que o culto à Atargatis se espalhou além de seus limites originais, ou que as pessoas que tinham nomes helenizados continuaram a cultuá-la como seus ancestrais. Não podemos saber qual é a verdade. É provável, no entanto, que ambos os cenários fossem verdadeiros para algumas pessoas neste período em que os povos e os Deuses se misturavam tão livremente.

Certamente é verdade que, como os Ptolomeus no Egito, os reis selêucidas tentaram se adaptar aos povos que governavam, e não o contrário. Por exemplo, as mesmas famílias Sacerdotais continuaram a ocupar cargos na Babilônia e em outras cidades durante todo o período sem interrupções. Um erudito diz que eles tornaram "seu governo o mais babilônico admissível, portanto, o mais fácil possível para os babilônios experimentarem".[29] Em outras palavras, era diferente do colonialismo do século 19, onde os governantes temporais tentavam impor mudanças culturais e religiosas na população. Era um modelo totalmente diferente, onde os governantes deliberadamente adotavam características religiosas e culturais dos governados. O resultado foi uma cultura rica e sincrética, onde as pessoas podiam "experimentar" ambas as tradições livremente.

Atargatis faz parte deste quadro. Seu culto foi aceito e adotado pelos selêucidas, o que lhe deu a oportunidade de ir muito além da área de origem. No período romano, o culto à Atargatis como Dea Sura havia se espalhado até a França. Talvez devêssemos vê-la, meio mulher e meio peixe, como um símbolo do próprio sincretismo. Sammuramat, filha de uma Deusa e de um homem mortal, não é nenhum dos dois, mas ambos, assim como sua mãe é tanto do mar quanto da terra. Através de Sammuramat, Atargatis protege seu povo. Mas quem merece os

29. Texidor, *Interpretations*.

cuidados dela? Não são as pessoas de um determinado sangue ou mesmo de um determinado lugar. Seu povo é constituído de seus adoradores. É isso e pronto. Para pertencer a ela, o que você precisa fazer é se juntar.

Como as outras novas religiões sincréticas do mundo helenístico, as pessoas não eram julgadas com base em seu status social, na cor de sua pele ou em quem são seus avós. Não sabemos esses fatos sobre Diodotos e Philista, porque não importava; não era relevante. O que importava era que eles adoravam Atargatis.

Trovão do céu

São muitas as histórias de um jovem que descobre ser secretamente filho de um Deus e, portanto, destinado ao heroísmo. Com Sammuramat e Atargatis, temos uma jovem que é filha de uma Deusa, portanto, tem o destino de ser a sábia governante e líder de seu povo.

Vamos falar sobre Sammuramat como uma rainha reinante. Sua história é paralela à história de heróis que se tornam reis – ela é concebida por um Deus e uma pessoa comum, criada na obscuridade com pouca indicação de sua ancestralidade divina e, então, reconhecida e elevada ao poder com base em seus atributos pessoais. No caso de Sammuramat, esses atributos são seu intelecto, sua ética de trabalho e sua disposição e habilidade para assumir o complexo trabalho de governar. Ela não nasceu princesa – conquistou seu status real como resultado de seu desejo de fazer o trabalho, em vez de simplesmente aproveitar as recompensas. Assim como agora, governar é um trabalho árduo.

Uma vez que tem uma posição de responsabilidade, Sammuramat se entrega. Ela é uma rainha trabalhadora e consciencioso, uma parceira de seu marido que governa sozinha quando ele é tragicamente morto. Como rainha, ela reúne as tropas assírias e salva a Babilônia de ser saqueada e queimada e passa a governar como um modelo de sabedoria e moderação por treze anos. E então, em vez de se envolver em intrigas da corte ou tentar estender sua regência, ela entrega o governo ao filho quando ele atinge a maioridade. Sammuramat permanece ao seu lado para aconselhá-lo pelo resto de sua vida. Sua história é alegremente livre de escândalos, assassinatos e traições. Ela não é a rainha má, mas a sábia.

O que podemos aprender com sua história? Muitas vezes não nos sentimos à vontade com mulheres em posições de autoridade que simplesmente governam bem. Ficamos mais confortáveis com a autoridade moral, quando as mulheres reivindicam o direito de falar com base no fato de serem melhores ou mais morais do que aqueles que detêm o poder. Mas e quando as mulheres têm poder? Como você exerce o poder se você mesmo é uma mulher? A história de Sammuramat nos dá algumas dicas.

Sammuramat não disfarça sua feminilidade. Ela é esposa, mãe e rainha. O poder não vem com a identidade masculina, ela pode exercer o poder sem ser rei. Hoje, com muita frequência, as mulheres são orientadas a não ter fotos de suas famílias em suas mesas. Já me disseram para cortar os meus cabelos compridos e não usar esmalte, porque isso parecia muito feminino para o local de trabalho "fazia as pessoas pensarem que eu não era muito inteligente". A história de Sammuramat nos lembra de que é possível ser feminina e poderosa ao mesmo tempo.

Em segundo lugar, Sammuramat trabalhou duro e esse trabalho valeu a pena. Ela conheceu pessoas que foram fundamentais para garantir sua vitória e a paz que veio a seguir. Ela não depende de sangue ou de beleza para ter sucesso. Como muitas mulheres em altos cargos hoje, Sammuramat aprendeu as regras até dominá-las. Estamos mais acostumados com histórias de princesas que alcançam o poder ainda muito jovens por causa de seus pais e tratamos como um grande bem o fato de elas serem ingênuas e, fora dos mecanismos do poder, saberem muito pouco. No entanto, não consideramos um grande bem se um jovem é ignorante ou desqualificado. Não é prova de sua pureza moral estar em uma posição para a qual não esteja qualificado. Sammuramat trabalha duro para se qualificar para sua posição, quando o poder é dela, ela o usa com sabedoria. Ela não é uma criança pura. É uma mulher adulta, uma viúva e uma mãe que aprendeu sobre o reino que governa. Talvez seja hora de celebrar as conquistas de mulheres que conquistaram seu lugar, em vez de virgens virtuosas que são exaltadas com base em sua inocência e não em sua experiência.

Encontrando Atargatis: uma Meditação

Esta meditação pode ser feita de duas maneiras diferentes: em parceria com alguém que leia para você, podendo se revezarem para fazer a meditação, ou simplesmente leia em um local silencioso ou até mesmo grave e reproduza para si mesmo.

Procure um lugar tranquilo, onde não seja incomodado por cerca de vinte minutos. Você pode tocar uma música suave, se quiser. Se tiver alguma música que costuma usar durante a meditação, certamente poderá usá-la. Se for usar incenso, considere uma das recomendações da lista de correspondências no final deste capítulo.

Respire fundo para ajudá-lo a desacelerar. Em seguida, respire fundo novamente. Faça isso até conseguir relaxar. Agora, comece a ler para si mesmo ou peça para que leiam a meditação para você. Se a meditação estiver sendo lida por outra pessoa, feche os olhos. Caso contrário, leia em voz alta lentamente para ter tempo de absorver as palavras.

Esta pode ser uma experiência intensa, então leia a meditação antes de começar e decida se é algo que realmente deseja fazer.

É noite e você está caminhando por um lindo jardim. Há bancos de plantas com flores por todo lado, uma brisa agradável sopra e o perfume das flores paira sobre você. Uma treliça faz um portão para outra parte do jardim, com jasmim subindo por ambos os lados e se enrolando sobre ela, são flores brancas perfumando à noite. Você atravessa e ouve o som da água corrente enquanto caminha pelo jardim entre as ilhas de vegetação.

Não é uma fonte ou uma piscina. O jardim desce até a margem de um pequeno rio. Existem bancos e lugares confortáveis para parar, onde se pode observar a água. O céu está brilhante com as estrelas. É um lugar adorável. Você faz uma pausa, apreciando a vista pacífica.

Você ouve um som: feliz, olha ao redor.

Ela surge não muito longe do banco, Atargatis, a Rainha das Sereias. Seu cabelo comprido é pratcado, quando ela nada, uma mecha verde de sua cauda surge por um momento acima da água. Ela é linda. Você nunca viu alguém tão incrivelmente sublime. Quando ela se levanta na margem e sorri, você fica impressionado.

"Por que está tão quieto?" Atargatis pergunta. "Quando veio me ver e eu vim ver você?"

Responda, dizendo a ela que está feliz em conhecê-la.

"Eu também estou feliz em conhecê-lo", ela diz. "Afinal". Ela estende uma coroa. É um diadema de ouro feito para caber na sua testa. "Isto é para você".

Uma coroa? Para mim? "Acho que você deve estar enganada", você diz.

Ela balança a cabeça. "Uma coroa é um símbolo de poder. Conte-me sobre o poder que você exerce, ou pode exercer".

Talvez isso seja fácil. Você pode ocupar uma posição de responsabilidade na sociedade. Pode ter funcionários que respondam a você, alunos, subordinados, pessoas que você pode recompensar ou punir. Talvez você possa promover ou demitir. Talvez possa lhes dar boas ou más notas. Talvez vidas estejam literalmente em suas mãos como um profissional médico ou socorrista. Você tem o poder de mudar o curso da vida de alguém a cada dia.

Pode ser que você não pense em seu poder, porque a sociedade não o valoriza tanto. Talvez você ensine crianças pequenas e isso pode mudar o curso de suas vidas. Talvez você cuide de crianças ou de outras pessoas necessitadas de cuidados. Talvez você construa coisas que as pessoas vão usar, faça roupas, cuide dos jardins de alguma propriedade, construa calçadas ou instale eletrodomésticos e não veja essas coisas como poder – a menos que as pessoas não as tenham. Então, elas sentem claramente o seu poder.

Ou talvez seu poder seja intangível. Você desenha ou escreve, elabora testamentos e documentos ou trabalha no estúdio de uma emissora de TV. Você influencia, e influência é poder. Você cria ou apresenta coisas que mudam vidas.

A menos que seja muito jovem, você exerce poder em maior ou menor grau. Faz parte de ser um adulto com responsabilidades de adulto. Caso seja muito jovem, esse poder será exercido em alguns anos. O que você vai fazer com isso?

Atargatis sorri. Ela entende o que você está pensando. "Que tipo de governante você é?", ela pergunta.

Diga a ela. Diga quais valores inspiram seu trabalho. Diga para o que você está trabalhando. Falar sobre isso pode ser fácil ou difícil se você não pensou nisso antes. Tente ser honesto com a Deusa. Quais são os seus pontos fortes? Você é trabalhador? Inspirador? Perspicaz? Competente? Criativo? Altamente qualificado? Diga a ela como você governa os outros. Você é justo? Tem mente aberta? Firme com pessoas que precisam de orientação? É paciente? Severo? Diferentes trabalhos requerem diferentes tipos de regras, assim como diferentes habilidades físicas. Atargatis entende tudo isso.

Quando você termina, ela olha para você. A água circula ao seu redor, fazendo um som calmante. "O que você precisa para ser um governante melhor?", ela pergunta. "Diga-me, e eu o ajudarei".

Você pensa sobre isso e então diz a ela o que precisa. Talvez seja uma habilidade. Talvez seja uma qualidade, como mais paciência. Talvez seja algo que você honestamente espera cultivar em si mesmo e que o tornará melhor no uso do poder que possui.

"Pegue a coroa", diz ela, "use-a como um símbolo do poder que você tem e do governante que espera ser. O mundo é feito por humanos, por pessoas como você. Você importa. Suas escolhas são importantes e seu poder é real".

Você se curva e deixa que ela coloque a coroa em sua testa. Talvez pareça estranho a coroa estar lá. Talvez seja bom.

"Obrigado", você diz.

Atargatis sorri novamente. "Vá", ela diz, "mas saiba que você sempre pode me encontrar aqui se quiser conversar. Fico feliz em lhe oferecer conselhos".

Usando o diadema, você começa a voltar pelo jardim, afastando-se da margem do rio. Quando olha para trás, tudo o que vê é a vasta extensão de água corrente. A Deusa partiu.

Você caminha entre os canteiros de flores até chegar ao arco cravejado de jasmins e atravessa. A partir daí, basta uma curta caminhada para casa enquanto o jardim desaparece ao seu redor e você retorna à consciência normal.

Abra os olhos.

Quando estiver totalmente de volta, desligue qualquer música e apague qualquer incenso. Pense por um momento sobre sua experiência. Qual foi a impressão que teve naquele momento? Como se sente agora? Esta pode ter sido uma meditação muito intensa. Talvez você queira se ancorar comendo ou bebendo. Talvez queira tomar um banho para ajudar a retornar ao presente físico.

Qual foi a sensação de ser questionado sobre o poder? Você se sente confortável pensando em si mesmo como poderoso? Como você se sente ao ver a si mesmo como um governante? Se estiver anotando suas práticas em um diário, talvez queira escrever sobre essa experiência. Leve o tempo que precisar para processá-la.

Lições de Atargatis: A Rainha Sereia

Agora que fizemos uma meditação para conhecer Atargatis, vamos falar um pouco mais sobre seus dons e como podemos incorporá-los na nossa vida. Seus dons são coragem, curiosidade e trabalho duro.

Coragem

Na maioria das vezes, quando pensamos em coragem, pensamos em bravura física, como Sammuramat mostrou quando liderou seu exército à vitória. Esse é sim um tipo de coragem. No entanto, essa não foi a primeira vez ou a primeira maneira na qual ela demonstrou bravura. Exigia tanto ou mais coragem mudar completamente sua vida se casando com Shamshi e assumindo uma enorme responsabilidade. A audácia de ir a um lugar novo, de aceitar um emprego fora de sua zona de conforto, de conversar com alguém novo, de se desafiar a assumir responsabilidades que parecem impressionantes – tudo isso são tipos de coragem. São situações muitas vezes não reconhecidas, mas que certamente muda nossa vida.

Na minha própria vida, uma das coisas mais assustadoras que já fiz foi me aproximar da diretora de uma organização nacional, uma mulher que eu já tinha visto certa vez, e pedir a ela para me contratar para um emprego importante, um trabalho de lobby que exigia que eu me mudasse para Washington, DC e atuasse em um campo político nacional. Sabe de uma coisa? Ela me contratou. Parte da motivo foi porque eu tive a coragem de perguntar. Se eu não ousasse nem pedir a ela, como ousaria pedir aos membros do Congresso que votassem em projetos de lei? Muitas pessoas querem mudar de vida, mas ter coragem para realmente dar o passo é difícil. Esta é uma atitude que merece ser apreciada. Coragem não precisa envolver correr para prédios em chamas; pode ser sobre escolher fazer coisas que são intimidadoras para você.

Sair da sua zona de conforto e arriscar, é demonstração de coragem, seja no trabalho, seja na escola, seja nos relacionamentos pessoais. Por exemplo, é difícil fazer novos amigos. As pessoas podem ser más; elas podem rejeitá-lo. Aberturas amigáveis podem ser mal interpretadas. No entanto, se todos simplesmente nos sentássemos em nossas casas sozinhos, o mundo seria um lugar mais pobre para todos nós. Alcançar os outros requer coragem, especialmente se você foi ferido. Como acontece com muitas coisas, as recompensas potenciais são tão grandes que a chance vale a pena. Eu tive um amigo anos atrás que passou por uma separação dolorosa. Ele não arriscaria encontrar alguém em quem pudesse estar interessado, porque temia que fosse a mesma velha história. Mas se não fizesse isso, nunca teria a oportunidade de ter um relacionamento melhor.

Atargatis reconhece a audácia. Ela gosta de pessoas como Hadad, que veem algo novo, desconhecido e assustador e que aproveitam a chance.

Curiosidade

Outra coisa que Hadad tinha que o tornava querido por Atargatis era a curiosidade. Ele poderia ter recusado a proposta dela. Poderia ter dito "não, obrigado" e ter levado uma vida normal. Em vez disso, ele escolheu ser o amante de uma Deusa com toda a transformação que isso incluía. Ele se perguntou o que aconteceria. Ele queria saber como seria.

Hoje, temos muitas vozes nos pedindo cautela em todas as áreas da nossa vida. Isso é compreensível. Quando o mundo é um lugar assustador, é fácil que tudo pareça perigoso demais para ousar. A voz que fala contra a cautela geralmente é a curiosidade: o que aconteceria se eu fizesse...? Como seria morar em um país diferente? Como seria namorar alguém completamente diferente de todos que eu conheço? Como seria receber um filho adotivo em minha casa? Como seria viajar para algum lugar fora do comum? Ou passar algum tempo com pessoas da minha comunidade que são diferentes de mim?

Estamos em uma parte de um ciclo cultural que nos incentiva a nos reunir, ficar perto de casa e correr poucos riscos pessoais. Até mesmo nos dizem ativamente que a curiosidade é ruim – devemos, em vez disso, "ficar no nosso lugar". No entanto, é difícil crescer dentro de limites cuidadosamente circunscritos. A curiosidade nos leva a pensar o que há além da cerca. Talvez seja ruim, talvez seja bom. Talvez sejam os dois. Em qualquer caso, passar por cima da cerca é muitas vezes necessário para um maior crescimento. Se nos dermos permissão para explorar, estaremos nos dando permissão para encontrar novos interesses, novas pessoas e transformar a nós mesmos e ao mundo ao nosso redor.

Trabalho duro

Outra coisa que foi fundamental para o sucesso de Sammuramat foi seu trabalho árduo. A curiosidade a levou a assistir à seleção de noivas para o príncipe Shamshi, embora não tivesse intenção de competir. A coragem a levou a se arriscar com ele, casar com ele e mudar de vida. Mas a parte sem glamour da história são os anos que ela passou trabalhando duro e aprendendo a ser rainha. As rainhas governantes não nascem; elas são feitas. Governar é um ofício como outro qualquer. É por isso que o antigo termo é "estadística". Não se trata de talento ou bondade inerente ou qualquer outra coisa, exceto aprender como a salsicha é feita e como fazê-la.

Isso é verdade em muitos campos de atuação. Talento e coragem podem colocar um pé na porta, mas um trabalho sólido deve apoiá-lo. É ótimo se matricular em aulas em uma universidade, mas depois você tem que ir para a aula e fazer o trabalho. Uma coisa é conseguir um emprego, outra é se destacar por anos em seu trabalho. Muitas pessoas lutam com isso; elas começam fortes, mas depois desaparecem no teste. Você pode realmente continuar fazendo isso bem quando a primeira onda de curiosidade acaba?

Atargatis é a patrona das rainhas governantes, porque ela entende e aprecia o trabalho árduo da arte de governar. Sammuramat é o modelo da rainha governante: justa, corajosa e, acima de tudo, trabalhadora. A coragem salva o reino. O trabalho duro o faz funcionar. Ao pensar sobre o próximo rito, considere que tipo de ajuda Atargatis pode trazer para sua vida. Em que você precisa trabalhar duro para manter a aterrissagem?

Rainhas governantes

Vamos parar por um momento e pensar sobre o que queremos dizer com "rainhas governantes". Muitas vezes o que imaginamos é uma linda mulher, cujo único trabalho é ser atraente e ter filhos enquanto o marido faz todo o trabalho do reino. Embora isso tenha acontecido ocasionalmente na história, na maioria das vezes não foi assim. A maioria das rainhas, como Sammuramat, tinha muito trabalho a fazer; no mínimo, elas administravam o palácio.

Pense no trabalho do chefe de gabinete da Casa Branca. É um dos trabalhos mais importantes em Washington. Dirigir a Casa Branca, gerenciar a agenda do presidente, as aparições, a cobertura da mídia e as operações diárias das centenas de pessoas que trabalham na Casa Branca é um trabalho enorme. Esse é o trabalho das rainhas, é o que elas têm feito em muitos estados por milhares de anos. Mesmo que teoricamente não tivessem responsabilidades políticas e não liderassem exércitos, elas eram as Chefes do Estado-Maior. Só muito raramente o papel de rainha significou sentar-se com roupas bonitas. A maioria das rainhas tinha responsabilidades a cumprir, e o fato de não as cumprir era uma catástrofe. Assumir a energia de uma rainha governante não significa ser passivo ou egoísta, significa ser o chefe de gabinete: competente, trabalhador, conhecedor e um gerente superlativo.

Um Rito para Honrar Atargatis

O rito para homenagear Atargatis envolve pedir a ela para ajudá-lo com algo em que você está trabalhando e para incorporar o poder da rainha governante em si mesmo. Como Sammuramat, você pode aceitar o poder e manejá-lo com sabedoria, um conceito difícil para algumas pessoas. Atargatis pode ajudá-lo a reivindicar seu poder.

Este rito foi projetado para uma pessoa fazer sozinha, mas pode ser adaptado para ser feito com outras pessoas. Se estiver ritualizando com várias pessoas, cada uma delas vai precisar de um símbolo de seu trabalho, pode ser um amuleto ou uma estatueta ou algo levado com você para o local de trabalho: um distintivo, um crachá ou algo que pertença a sua mesa – o que simbolizar o seu trabalho para você. Por exemplo, se você for enfermeira, pode usar um broche que simbolize sua profissão ou algo como sua identificação profissional em um cordão. Ou algo que você valoriza, como seu diploma, ou algo tão simples quanto uma caneca que diz "A Maior Enfermeira do Mundo". Alguma coisa que você possa levar para o local de trabalho.

Você vai precisar de:

- Incenso (de preferência rosa, jasmim, lótus ou sândalo) e um queimador
- Um amuleto ou outro objeto que pretenda usar (se tiver mais de uma pessoa, vai precisar de um para cada)
- Uma imagem de Atargatis ou uma sereia de qualquer tipo
- Uma pequena jarra de vinho ou suco de frutas
- Uma taça ou um cálice
- Uma tigela de libação
- Uma vela azul, verde-água, azul-piscina ou turquesa de qualquer tamanho ou forma

Itens extras opcionais

- Papel e um instrumento de escrita
- Um pano de altar azul ou verde
- Um prato de pepinos ou melões cortados em pedaços pequenos
- Um prato para oferendas de alimentos, se você os estiver usando

Primeiro, organize seu altar para Atargatis. Coloque a imagem centralizada na parte de trás do altar. Em seguida, agrupe os outros itens ao seu redor de maneira agradável. Você pode adicionar outros enfeites, se desejar – coloque mais velas, mais imagens, pratos e copos elaborados e sofisticados para conter a comida e a bebida. É apropriado usar o seu melhor. Também é apropriado se vestir com as cores de Atargatis para este rito: água, azul, turquesa, verde e / ou branco. Também é apropriado usar roupas que representem o que você faz, caso seu trabalho tenha roupas específicas.

Como você está pedindo diretamente a uma Deusa em vez de fazer um feitiço ou realizar um grande ritual, não será necessário invocar os Quadrantes nem outras Divindades além daquela a quem está fazendo a petição.

Prepare-se desligando dispositivos eletrônicos ou luzes elétricas e colocando-se em um estado de espírito reflexivo. Se for tocar alguma música, comece agora.

Acenda a vela e depois o incenso se estiver usando algum. Diga:

Atargatis, Rainha Sereia do Grande Rio, eu a chamo para honrá-la. Eu a invoco para lhe conhecer. Peço sua presença para pedir sua bênção.

Despeje o vinho no copo. Em seguida, despeje uma libação na tigela para a Deusa e tome um gole do cálice você mesmo. Diga:

Assim como você foi honrada há muito tempo, eu a honro hoje. Eu canto seus louvores. Eu canto a sua história. Eu não a esqueço, dupla Senhora, Deusa tanto no ar quanto na água.

Se estiver usando uma oferta de comida de pepino ou melão, apresente agora e coloque alguns pedaços no prato de oferta e diga:

Por favor, aceite estes presentes de terra e água. Eu os apresento a você para que possamos compartilhar da generosidade do mundo.

Coma você mesmo um pequeno pedaço de melão ou de pepino e diga:

Por favor, ouça a história do meu esforço.

Em seguida, conte a Atargatis sobre o trabalho que você faz em sua vida, onde exerce poder ou espera exercer poder no futuro: pode ser um trabalho, um esforço artístico ou o cuidado com alguém ou algo. Pense cuidadosamente sobre as responsabilidades que você tem e seu efeito sobre os outros. Por exemplo, um porteiro que examina o trabalho de outras pessoas ou que contrata ou avalia estagiários têm responsabilidade direta por quem tem oportunidades em seu ramo de atividade. Isso é um poder muito grande. Reserve algum tempo para contar a Atargatis sobre a seriedade desse poder e suas preocupações sobre como usá-lo com sabedoria.

Se você é muito jovem e não tem nenhuma responsabilidade que afete os outros, pense em uma época futura em que terá. Se for um estagiário, um dia você será o chefe. Se for estudante em formação para uma profissão, um dia irá trabalhar nessa profissão com as responsabilidades que ela acarreta. Em algum momento da sua vida, você provavelmente terá responsabilidade por outra pessoa, seja um filho, um pai idoso, um parceiro doente ou amigos que dependam de você. Como você lidará com a responsabilidade de cuidar? Que tipo de governante você quer ser?

Tenha em mente que Atargatis quer que você use seu poder com sabedoria. Ela não ficará impressionada com o desejo de usar o poder para se engrandecer ou prejudicar os outros. Ela é a patrona da rainha governante consciencioso, não do tirano. Atargatis não apreciará a expressão de poder para vingança, mesmo que expressa na linguagem apropriada da justiça, por exemplo, "eles merecem se ferir, porque são maus".

Outra coisa a considerar em sua petição à Atargatis é o tamanho de sua solicitação. "Quero trazer a paz mundial e acabar com todas as formas de injustiça em qualquer lugar" é uma meta louvável, mas também impossível. Concentre seus esforços em metas que estejam dentro do escopo do seu trabalho: "Gostaria que a legislatura do Missouri proibisse a discriminação no emprego com base na identidade de gênero", ou "Gostaria de garantir que cada criança adotiva em meu condado tenha uma colocação que respeite seu direito de praticar sua própria religião", ou "Gostaria de aliviar a dor das pessoas e melhorar sua saúde por meio do meu trabalho como higienista dental". Uma das maneiras mais fáceis de sabotar o sucesso é tornar a meta inatingível. Peça a ajuda de Atargatis com um objetivo que é algo que você pode afetar significativamente.

Pense em como você pode atingir seu objetivo. Reserve um momento e deixe a inspiração o tocar enquanto espera no espaço sagrado. Às vezes, pensar nas coisas de maneira diferente e com foco o ajudará. Às vezes, Atargatis irá tocá-lo com inspiração e você se verá pensando em seu objetivo de maneira diferente do que pensava originalmente, ou talvez um caminho se torne claro para você. Caso contrário, mantenha os olhos e a mente abertos nos próximos dias. Às vezes demora para você enxergar caminhos que estão abertos. Ou talvez você já esteja no caminho! Se, por exemplo, você atualmente trabalha como professor e sua esperança é ser um orientador verdadeiramente inspirador que muda vidas, talvez você já esteja fazendo o que precisa fazer. O que você precisa é de incentivo para continuar, não de uma mudança de trajetória. Tenha em mente que, se você não vê uma mudança à sua frente, pode simplesmente não ser necessário mudar. É provável que já esteja fazendo o trabalho de um bom governante.

Se estiver fazendo este ritual com mais de uma pessoa, certifique-se de que cada uma tenha a chance de falar sobre seu objetivo e deixe todos pensarem ao mesmo tempo. Se as pessoas não se sentirem à vontade para expressar seus objetivos em voz alta, elas podem escrevê-los em um papel e colocá-los no altar.

Quando você terminar de pensar em como será possível se tornar um governante sábio e tiver dado tempo para Atargatis falar, agradeça a ela:

> *Atargatis, Rainha Sereia, eu agradeço por seu tempo e seu conselho. Você é a mãe dos heróis, a mãe das rainhas, patrona dos governantes sábios. Dea Sura, Senhora do Rio, agradeço seu cuidado. Por favor, esteja comigo enquanto cumpro minhas responsabilidades da melhor maneira possível. Deixe este objeto ser um foco para o seu poder e para o meu.*

Coloque a ponta dos dedos no objeto que você selecionou para colocar no altar, seja ele qual for. Sinta o favor de Atargatis passando por você e entrando no objeto, carregando-o com sua energia. Isso pode levar alguns instantes ou alguns minutos. Permita que demore o tempo que for necessário, mantendo o foco no trabalho que deseja fazer. Quando sentir que terminou, diga:

> *Eu agradeço, Graciosa Senhora, por seu tempo e seu favor.*

Apague as velas e o incenso se estiver usando algum. Pegue o símbolo do seu trabalho, agora energizado, e guarde-o com você. Use-o, carregue-o no bolso ou coloque-o em um altar ou em um local onde possa vê-lo ou usá-lo em seu trabalho.

Leve a tigela de libação para fora e despeje-a no chão. Se tiver uma oferta alimentar de pepino ou de melão, deixe do lado de fora.

Ao desmontar o altar, agradeça a Atargatis novamente por seu cuidado. Fique atento à mão dela nos próximos dias.

Correspondências de Atargatis

Aqui estão algumas correspondências para ajudá-lo a honrar Atargatis, seja montando um altar para ela, seja planejando um ritual que a invoque, seja simplesmente trazendo um pouco de sua energia para sua vida diária.

Cores: azul, verde-água, azul-piscina, turquesa e cinza (água e céu é o tema)

Incenso: jasmim, rosa, sândalo

Símbolos: tridente

Dia do festival: quando o Sol entra em Peixes, por volta de 18 de fevereiro, ou alternadamente na lua cheia de fevereiro

Comida: pepino, melão

Capítulo Seis

Epona, Senhora dos Cavalos

Nos dias atuais, Epona é considerada uma Deusa nativa das Ilhas Britânicas, às vezes, do norte da França também. No entanto, as tribos celtas do período helen ístico se espalharam pela Europa, até o leste do Mar Negro e o que é hoje a Romênia. Eles travaram guerras na Grécia em 281-279 EC e migraram para o Norte da Turquia em 278, onde estabeleceram o Reino da Galácia.[30] Os celtas também viveram nos reinos helenísticos de Ponto e Pérgamo, e grupos menores de soldados serviram em muitos dos estados sucessores, misturando-se assim com povos distantes. Apuleio nos diz que havia um santuário para Epona em Alexandria.

Esta é uma história que poderia ter sido contada sobre como essas migrações aconteceram.

30. Ian Barnes, *The Historical Atlas of the Celtic World* (New York: Chartwell, 2009).

História: Beli e o Príncipe Malvado

Certa vez, já faz tempo, mas não tanto assim, no tempo de nossos bisavós, havia um príncipe muito perverso. Ele era o herdeiro de um reino distante e era tão perverso que, quando tinha apenas quatorze anos, bateu em seu cavalo porque ele não o havia levado à vitória em uma corrida com outros meninos. Pode suspirar, porque isso é realmente muito perverso. Mesmo naquele país, entre pessoas que pouco entendem de honra como a conhecemos hoje, foi um crime chocante. Tão chocante que seu pai, que era um rei sábio e justo, disse que seu filho não teria mais cavalo, porque maltratara o dele, e de agora em diante iria a pé como um escravo, não como um príncipe.

Sim, foi justo e bem-feito, se ele tivesse aprendido com isso, teria sido bom. Mas esse príncipe se chamava Thunderbolt (Raio do Trovão), porque desde os primeiros dias ele havia sido dado a fúrias e tempestades repentinas, seus acessos de raiva caindo como lanças de relâmpagos sobre a casa. Eles não viviam como nós, homens e mulheres juntos. As mulheres viviam separadas em seus próprios aposentos na casa grande. Thunderbolt era o filho mais velho do rei, sua mãe era jovem, bela e bem-nascida, mas ela não era uma pessoa enérgica e não o disciplinou na infância, então agora ele era um jovem acostumado a seguir seu próprio caminho, mas com seu pai não teria nada disso. O rei decidiu que Thunderbolt não o sucederia, pois se ele não pudesse governar a si mesmo, não governaria bem seu povo.

Thunderbolt tinha um meio-irmão oito anos mais novo que ele. Um estudioso em vez de um guerreiro. Thunderbolt zombava dele, pois à medida que crescia seu corpo se tornava ágil e seu temperamento bem adaptado às armas, ele se tornou um guerreiro de destaque. Chamava o irmão de mole e inútil, pois ele preferia os livros às lanças. Thunderbolt tinha certeza de que seria o herdeiro de seu pai, entende? No entanto, quanto mais seu temperamento e seu orgulho cresciam, mais determinado seu pai ficava de que ele nunca deveria ser rei.

O que isso tem a ver conosco? Chegarei a isso em um momento. Bem, você já deve saber como ele a ofendeu, a Senhora dos Cavalos, Epona que guarda nosso rebanho e nossa casa. Ele havia cegado um cavalo sem motivo e havia espancado e maltratado outros em sua fúria. Isso ofendeu Epona, e ela já estava de olho nele, pois como uma égua guia quando vê um leão nas montanhas, a Deusa é implacável em defender o que é dela.

Assim que o garoto tinha idade suficiente, o rei fez do irmão de Thunderbolt seu herdeiro. Thunderbolt deixou o reino, determinado a ganhar um reinado maior em outro lugar. Primeiro, ele foi para o Reino da Macedônia, onde sua meia-irmã Arsinoe governou como rainha, casando-se com um velho que era amigo de seu pai. Mas lá, Thunderbolt encontrou uma fria recepção.

Em seguida, ele foi para a terra dos selêucidas, onde Seleuco, o Primeiro, ainda governava seu povo. "Há uma guerra fácil de vencer", disse ele, "contra minha irmã e seu marido, um homem velho. Seus filhos são ainda crianças, podemos tomar o reino facilmente", Seleuco fez a guerra, Thunderbolt ficou ao seu lado e o marido de sua irmã foi morto em batalha.

"Triunfamos", disse Seleuco. "Quando tirarmos o reino de sua irmã, ele será seu".

Sim, realmente tudo muito perverso. Mas Thunderbolt era ainda pior. O pensamento veio a ele: por que ter um reino quando poderia ter dois? Ao sentar-se com Seleuco em sua tenda, quase como um filho, ele esfaqueou o velho general e o matou, beneficiado como estava pela amizade de um convidado. Então ele se proclamou rei de todo o reino de Seleuco.

Você está certo, ele não se safou dessa! Os homens de Seleuco não aceitaram nada disso. Seleuco tinha um filho, Antíoco, que era um homem forte, mas na meia-idade, o que não o impediu de se voltar contra Thunderbolt com uma vingança rápida.

Thunderbolt fugiu e foi para o reino de sua irmã, a viúva Arsinoe, cujo marido ele havia matado em batalha. Ele foi até ela com palavras doces. "Foi tudo obra de Seleuco", disse ele. "Não era meu desejo deixar seus três meninos órfãos. Já que fui a razão inadvertida pela qual eles não têm pai, deixe-me ser um pai para eles. Manterei o reino para eles até que cresçam e os chamarei de meus filhos. Eu me casarei com você e serei sua forte mão direita".

Sua irmã! Sim, sua própria meia-irmã. Em alguns lugares estrangeiros eles faziam essas coisas, mas isso a chocou quase tanto quanto choca você. Ela ainda era jovem e muito bonita, sabe. Mas havia o exército de Thunderbolt, jurado a ele, e lá estavam os selêucidas que guerreavam. Arsinoe estava longe de seu irmão há muito tempo e não o conhecia tão bem quanto poderia. Então ela concordou. Talvez estivesse com medo. Talvez confiasse nele. Mas Arsinoe concordou. Seu filho mais velho era adotivo, ela foi para Cassandreia com os dois mais novos, enfeitada com guirlandas para o casamento. Eles se casaram e, no terceiro dia depois de levar sua meia-irmã para o leito nupcial, Thunderbolt matou seus dois filhos e deixou seus corpos insepultos para as pipas, ele nem mesmo deixou sua mãe tocá-los ou lavá-los.

Seus gritos subiram aos céus. "Ouça-me, qualquer Deusa que quiser! Veja o que foi feito! Vingue-me! Vingue meus bebês. Meus bebês..."

Epona a ouviu. Quando Arsinoe gritou em Cassandreia, Nossa Senhora dos Cavalos a ouviu. Ela ama crianças, você sabe, como ama potros, e Epona não é uma Deusa gentil, mas a senhora dos lugares selvagens, dos pastos distantes e das planícies infinitas, onde as tempestades surgem como torres de nuvens sobre a grama madura. Epona sabia que agora Thunderbolt controlava este reino, a Macedônia, que ficava na fronteira de nossas terras. As tribos conquistadas atravessaram o Danu há três gerações. Embora tenham prestado homenagem a Filipe e ao seu talentoso filho na ocasião de seu governo, elas haviam saqueado Seuthopolis não muito tempo antes e conquistado a costa e os portos com seus avançados navios mercantes. Epona não queria o cruel Thunderbolt para nosso vizinho.

Naquele tempo, em nossa comunidade havia um guerreiro chamado Beli, cuja moderação contrastava fortemente com a ira de Thunderbolt. Desde a infância, ele ganhou o apelido de "Pequeno Bel" devido à sua natureza brilhante e iluminada, demonstrando sua habilidade em assumir responsabilidades. Aos dez anos, ele já tinha seu próprio cavalo, pois seu pai tinha linhagem nobre e demonstrava grande habilidade na equitação. Em certa ocasião, seu pai saiu para verificar o que ele estava fazendo em um jogo com outros meninos e descobriu que Beli e seus dois amigos estavam se revelando no cavalo. "Por que você os deixa montar em seu cavalo?" ele perguntou.

Beli respondeu: "Estamos praticando para a Trimarcisia, que sempre leva três amigos". Hoje, essa é uma tática que nossos homens adotam nas batalhas, na qual três cavaleiros se revezam – um luta a cavalo, um prepara o cavalo para a batalha e o outro se prepara para a batalha. Portanto, se o lutador ou seu cavalo for ferido, um cavalo ou cavaleiro descansado se aproxima e entra na briga. Assim, nossas cargas nunca vacilam. Beli mostrou então que entendia que somos mais fortes quando estamos juntos, e que espíritos mesquinhos resultam em perdas. Entenda isso – um rei é tão grande quanto sua honra. Beli entendeu, embora não fosse rei. Não tínhamos reis naquela época, apenas líderes que mereciam seu lugar e que o conquistavam por meio de bravuras ou sabedoria. Beli era da mesma idade de Thunderbolt. Na época em que esse príncipe perverso se tornou rei da Macedônia, Beli era um líder guerreiro de nosso povo, um dos três com Brennus e Acichorius, e os macedônios o chamavam de Belgios. Esses três líderes guerreiros se reuniram e analisaram o problema.

"A Macedônia há muito é um grande reino", disse Brennus, "mas agora está fraca".

Acichorius disse: "Nunca haverá um momento melhor para avançar para o Sul. Devemos consolidar o que conquistamos ou eles retomarão as cidades costeiras e seremos novamente cortados do comércio com o Mar Interior".

Beli disse: "Temos Thunderbolt em nossa fronteira sul, ele nos atacará assim que puder. Thunderbolt não se apegará às fronteiras como Lisímaco fez antes dele, ou Cassandros antes dele, ou Alexandre ainda antes, que mantiveram a fé em nós quando abjuramos o Grande Rei da Pérsia. Não podemos permitir que tal homem seja rei, ou ficaremos sempre esperando que um raio caia".

Foi dessa maneira que partimos para o sul da Macedônia, empunhando nossas espadas e enfrentando o fogo. Os cascos de Epona foram ouvidos naquela terra que por tanto tempo reivindicou o domínio sobre os outros. Beli conheceu Thunderbolt em batalha. Ele montava uma grande besta, um elefante de um reino distante, porque nenhum cavalo o carregaria. Seus homens tinham lanças brilhantes e sua falange era grande, mas nós zumbimos sobre eles como moscas, nossos cavaleiros avançando e recuando, até que eles se cansaram de marchar e contramarchar ao sol. Foi então que Beli investiu verdadeiramente contra eles, Thunderbolt caiu de sua grande besta e seus homens foram derrotados.

Quando o Sol se pôs, Thunderbolt foi levado a Beli. Ainda assim ele era arrogante. "Eu não vou me curvar a um bárbaro como você", ele disse, "Eu sou o rei e o filho de um rei".

"Você governa um reino que usurpou através do assassinato de crianças,", Beli disse severamente. "Seu próprio pai não quis você, seu irmão governa o reino dele. Você irritou os Deuses de todas as maneiras e perdeu toda a honra que poderia reivindicar por meio de seus crimes. O sangue de inocentes clama pela vingança de Epona, e ela os atenderá!

Beli ordenou que a cabeça de Thunderbolt fosse cortada e montada em uma lança para que todos pudessem ver o que havia acontecido. Esse foi o fim do príncipe perverso.

Epona então sussurrou para Beli, "Seu trabalho está feito. Vá para casa, para seus campos e sua família, pois, se continuar, fará mais do que a justiça exige".

Beli atendeu à Deusa e ele e seus homens voltaram para casa. No entanto, Brennus e Acichorius não foram. Eles saquearam Delphi e roubaram talentos de ouro e prata do Deus que morava lá, trazendo uma poderosa maldição sobre eles, mas Beli não fez parte disso. A maldição e tudo o que dela resultou são narrativas distintas; a história de Beli, por outro lado, tem um final feliz. Ele governou por muito tempo na Histria, abrindo comércio em todo o Mar Interior e tratando com diversos tipos de homens. Foi em sua época que alguns até foram para o Egito com seus cavalos para servir ao faraó, que era então sobrinho de Thunderbolt, e levaram Epona com eles. É por isso que ela tem um santuário na branca Alexandria à beira-mar.

Nós o chamamos de Beli Mawr, "Beli, o Grande", e sua tribo adotou seu nome e se autodenomina Belgae, os filhos de Beli. Ele serviu Epona toda a sua vida. Beli a conhecia, veja bem, ele sabia que ela nos chama para administrar e cuidar bem de nossos rebanhos com sabedoria e bondade, para lutar ferozmente na necessidade e para viver com honra. Que possamos também conhecer suas bênçãos.

Questões a serem consideradas

Agora que você leu uma história sobre Epona, faça um registro em seu diário. Use papel, um instrumento de escrita ou um meio eletrônico de registro. É hora de considerar sua reação à história que acabou de ler.

- Qual é a sua reação emocional imediata à história de Epona?
- O que você acha de Beli e por que ele ganhou o favor da Deusa? Que tipo de herói ele é para seu povo?
- O que você acha de Arsinoe? Por que você acha que Epona ouviu sua oração por justiça?

- Por que a Deusa Epona atrairia pessoas fora de suas tribos celtas originais?
- Por que você acha que seu culto se espalhou?
- Ela é uma Deusa que você se sentiria confortável em invocar? Por que sim ou não?
- Você já conhecia a Deusa Epona? Como a representação dela nesta história se alinha com seus pensamentos? E de que maneira ela se diferencia?

Culto Antigo: Epona

Não sabemos inteiramente como Epona era adorada nos tempos antigos. Os celtas com quem ela se originou não deixaram registros escritos nesse período, então o que sabemos foi escrito por pessoas que tiveram contato com eles. De Apuleio e outros, sabemos que seu culto foi levado ao redor do Mediterrâneo e que havia um santuário para ela em Alexandria. Havia até um pequeno santuário para ela nos estábulos reais do palácio do rei. Talvez tenha sido criado por homens que vieram como soldados a serviço do faraó. Como discutido anteriormente, os Ptolomeus permitiam todo tipo de culto em Alexandria, então um santuário para Epona não estaria fora de lugar.

Dama dos cavalos

Imagens foram encontradas em todo o mundo helenístico. Ela geralmente é retratada montada em uma égua ou acompanhada por uma égua e um potro. Curiosamente, ela raramente é mostrada com qualquer tipo de armadura ou arma – Epona não é uma Deusa guerreira. Ela é uma protetora e guardiã dos cavalos, rebanhos e das pessoas que dependem deles, não uma Deusa da batalha ou patrona dos soldados. É teorizado que ela é um aspecto de uma Deusa-cavalo originalmente indo-europeia, já que seu nome significa "Cavalo Divino".[31] É possível que a figura de um cavalo de giz esculpida na relva em Uffington, na Inglaterra, fosse uma homenagem a Epona. Às vezes, ela também era mostrada com um cachorro (geralmente do tipo pastor), uma parte natural de seu papel de protetora dos rebanhos. Epona também é mostrada alimentando ou cuidando de cavalos ou cães.

Resumindo, Epona é uma Deusa da comunidade e do trabalho. Ela é social, como os rebanhos que guarda. É guardiã das relações com os outros e, principalmente, das funções protetoras que permitem que a sociedade seja segura e feliz.

Epona suja as mãos. Ela faz o trabalho árduo e ingrato de limpar os estábulos para que seus cavalos tenham um lugar limpo e saudável para viver. Ela arremessa feno e dá à luz os potros. Limpa o esterco e carrega grandes sacos de ração. Limpa as rédeas e apara os cascos. E ainda cavalga, acompanhando os cavalos que ama, com seu cachorro correndo ao lado.

Encontrando Epona: uma Meditação

Esta meditação pode ser feita de duas maneiras diferentes: em parceria com alguém que leia para você, podendo se revezarem para fazer a meditação, ou simplesmente leia em um local silencioso ou até mesmo grave e reproduza para si mesmo.

Procure um lugar tranquilo, onde não seja incomodado por cerca de vinte minutos. Você pode tocar uma música suave, se quiser. Se tiver alguma música que costuma usar durante a meditação, certamente poderá usá-la. Se for usar incenso, considere uma das recomendações da lista de correspondências no final deste capítulo.

31. Prudence Jones e Nigel Pennick, *A History of Pagan Europe* (New York: Barnes and Noble Books, 1995).

Respire fundo para ajudá-lo a desacelerar. Em seguida, respire fundo novamente. Faça isso até conseguir relaxar. Agora, comece a ler para si mesmo ou peça para que leiam a meditação para você. Se a meditação estiver sendo lida por outra pessoa, feche os olhos. Caso contrário, leia em voz alta lentamente, para ter tempo de absorver as palavras.

Esta pode ser uma experiência intensa, então leia a meditação antes de começar e decida se é algo que realmente deseja fazer.

Você está caminhando por colinas verdes e ondulantes. É primavera e tudo está lindo. Você pode sentir o calor do sol em sua pele, embora a brisa seja fresca e confortável. Flores silvestres pontilham a grama que sobe quase até os joelhos. Isto não é um campo de golfe ou um gramado aparado. É uma pradaria selvagem. As abelhas zumbem de flor em flor. Lá no alto, acima de você, um falcão gira no vento, procurando por pequenos animais na grama alta.

Chegando ao topo da colina, você olha para baixo. No pequeno vale entre as colinas e na encosta oposta, uma manada de cavalos está pastando. Há cerca de quinze cavalos, elegantes, com suas novas pelagens de primavera. Três potros brincam ao lado de suas mães. Um filhote de um ano corre alegremente pela grama nova, como se o vento fosse seu companheiro de estábulo. Uma égua prenhe mastiga de cabeça baixa no meio do rebanho. Na outra encosta, um belo garanhão baio vigia, sua cabeça é o recorte de uma silhueta contra o céu.

Você para, não querendo assustá-los. Ainda parado, você os observa, tão bonitos e tão graciosos em sua liberdade.

"Incríveis, não são?" Você se vira. Há uma mulher parada atrás de você. Ela está usando jeans e camiseta e botas bem sujas, seus cabelos em tranças. Ela sorri e você a reconhece. Esta é Epona,

a Senhora dos Cavalos. Ela parece ter saído do meio dos estrumes, nem um pouco limpa, mas bastante cavaleira, com suas mãos sujas com o trabalho de cuidar de seus pupilos.

"Eles são lindos", você diz.

"Dão bastante trabalho", diz ela. "Mas é uma coisa que vale a pena fazer". Epona olha para você atentamente. "Fale-me sobre seu trabalho. O que você faz de que se orgulha?"

Você pode ter que pensar antes de responder, ou pode responder imediatamente. De pé na encosta ao sol, observando os cavalos pastando, é mais fácil pensar no seu trabalho do que você esperava. Talvez seja o seu trabalho, talvez não, mas é um trabalho do qual você se orgulha: as coisas que você faz com as mãos tornam algo mais bonito ou tornam o mundo um lugar melhor ou cuidam de alguma pessoa ou criatura que precisa de você. O trabalho que você faz para acalmar, proteger, melhorar ou encantar – conte tudo a Epona. Não seja tímido. Você não precisa se preocupar se a está entediando. Conte a ela sobre tudo que desperta sua paixão. Ela quer ouvir.

Talvez você esteja contando a ela sobre algo que deseja fazer. Talvez haja um projeto ou empreendimento que gostaria de realizar ou que sente falta de fazer. Talvez seja algo que já ouviu falar e está pensando em fazer, ou uma ideia que lhe ocorreu e que ainda não se concretizou. Conte a ela sobre isso.

Epona assente. Ela escuta atentamente. Ela faz perguntas sobre o que motiva você. Ela pergunta: "Por que você quer fazer isso?"

Essa já é uma pergunta mais complicada e você pensa nela antes de responder. Por que você faz isso? Por amor, esperança, curiosidade, por compaixão ou para testar as possibilidades? Existem tantas razões quantas pessoas, e todas elas estão corretas.

Talvez você se pegue contando a ela sobre as barreiras. Você gostaria de fazer algo, mas há motivos para não fazer. Você não tem as qualificações certas. Não tem as pessoas certas em sua vida. Não consegue fazê-lo por causa do local onde mora, da sua idade ou da sua saúde. Epona escuta. Ela não julga. Ela apenas escuta. Você sabe que ela está pensando em maneiras de quebrar as barreiras, mas ela não vai pressioná-lo. Ela o ajudará se você pedir, mas não fará com que você se sinta culpado por ainda não ter feito nada. Ela é uma treinadora paciente. Ela entende que você não monta um cavalo jovem e dá um salto de um metro e meio no primeiro dia. Você trabalha para isso. Primeiro você derrota o medo. Você dá um passo de cada vez.

Quando termina seu relato, ela acena com a cabeça. "Bem", ela diz, "parece que você tem muito trabalho pela frente".

Isso é reconfortante. Ela não diz que você não deve amar o que ama ou querer o que quer. Ela não diz que você já deveria ter tido um sucesso magnífico. Ela elogia o trabalho. Ela respeita o que você está fazendo. Parado aqui ao lado dela ao sol, observando seus cavalos pastando, você sente paz. Você pode absorver um pouco de sua confiança tranquila.

"Você vai ficar bem", ela diz e sorri. "Se você quiser falar comigo de novo, pode sempre voltar".

"Obrigado", você diz e dá uma última olhada no rebanho, então se vira e começa a descer a colina que subiu.

Quando chegar na base, estará de volta ao seu próprio lugar e tempo. Abra os olhos.

Quando estiver totalmente de volta, desligue qualquer música e apague qualquer incenso. Pense por um momento sobre sua experiência. Qual foi a impressão que teve naquele momento? Como se sente agora?

Lições de Epona: A Dama dos Cavalos

Agora que você leu uma história sobre Epona e fez uma meditação para conhecê-la, vamos falar um pouco sobre seus dons.

Trabalho em equipe

Como vimos na história de Beli, um dos grandes dons de Epona é o trabalho em equipe. Ela não é uma Deusa de heroísmo solitário, mas de trabalho em conjunto. Beli ganha a aprovação dela e do pai quando divide seu cavalo com os amigos, aprendendo a trabalhar juntos para vencer o inimigo. Thunderbolt abusou de um cavalo, porque ele não venceu seus amigos em uma corrida. Beli dividiu seu cavalo para que todos tivessem uma chance e conseguissem juntos.

Nossa sociedade enfatiza a competição: "O melhor livro do ano!", "A melhor receita de frango!", "A melhor canção!" – todas essas coisas são falsas. O melhor livro, receita ou música é uma questão de gosto. Talvez você goste de frango de um jeito e alguém goste de outro, ou talvez nem goste de frango. É assim que deveria ser, mas nossa sociedade estabelece competições intensas e falsas, dando prêmios e elogios para "o melhor" quando muitas vezes não há o melhor. Há apenas o que você prefere.

A competição forçada tem consequências terríveis. Por exemplo, quando eu estava começando a escrever, um escritor um pouco mais bem-sucedido me disse que nunca dava dicas a outros autores sobre agentes ou editores, porque eles os usavam para vender seus próprios livros. "Você precisa fazer isso por si mesma", ele disse. "Se não conseguir, azar o seu. O outro autor é um inimigo; é concorrência. Ele pode vender um livro que você não venderá. Pode alcançar um leitor que você não alcançará. Pode ganhar prêmios que poderiam ser seus. Assim como só pode haver um programa *Highlander* (1992–1998) na TV." Que narrativa mais falsa! Vinte e cinco anos depois, tenho muito mais publicações do que aquele escritor e ele não publica mais. Por quê? Porque eu ajudei os outros assim que tive oportunidade, e os outros me ajudaram. Fiz grandes amigos e nós nos ajudamos. Compartilhamos informações, dicas e oportunidades. Nós nos levantamos – todos juntos. Conhecíamos a sabedoria de Epona: o rebanho é mais forte que qualquer indivíduo. Um cavalo sozinho é vulnerável. Um rebanho é imparável. Se vocês se ajudarem, todos ganham. Beli sabia disso; foi assim que ele derrotou o egoísta Thunderbolt.

Honra

Na história, Beli também compreende o conceito de honra. Ele é justo e honrado em suas relações com os outros, enquanto Thunderbolt é dissimulado e cruel. Thunderbolt mata Seleuco para obter lucro e tira a vida dos filhos de sua própria irmã. No final das contas, ele é tão terrível que até os Deuses o abandonam. Nossa sociedade minimiza a honra e valoriza a crueldade. Achamos que ser honrado significa ser um idiota, um "escoteiro". Quem você prefere ter como seu rei: Beli ou Thunderbolt? Se queremos líderes que se comportem de maneira admirável, devemos admirar pessoas que se comportam com honra. Isso não significa que eles tenham de ser perfeitos, completamente limpos, dolorosamente íntegros ou moralistas e críticos. Mas se admirarmos a crueldade, obteremos a crueldade.

Trabalho

Epona admira o trabalho duro. Ela admira especialmente as tarefas ingratas de cuidar dos outros e da sociedade que regularmente são negligenciadas. Por exemplo, em um hospital, muitas vezes pensamos nos cirurgiões que realizam procedimentos de ponta. Epona pensa nas pessoas que limpam as salas de cirurgia, esterilizam tudo, lavam os lençóis, cozinham e entregam as refeições e ajudam as pessoas que não podem ver a mudar os canais da TV ao menos para ouvir as notícias. É um trabalho importante sem o qual nada aconteceria.

A comunidade precisa de todo tipo de trabalho. O rebanho precisa de todos os membros e sua força está em sua coesão. Seja qual for o seu trabalho ou o que você deseja que seja, uma das coisas importantes é como ele beneficia a comunidade. A maioria de nós tem mais de um tipo de trabalho. Podemos ter um emprego e também cuidar de outras pessoas ou nos envolver em um empreendimento artístico. Alguns de nós têm mais de um emprego. Outros se voluntariam para ajudar a comunidade de várias maneiras. Tudo isso é trabalho.

Uma falha que a história destaca em Thunderbolt é sua falta de vontade de trabalhar. Ele é um príncipe e quer ter tudo em nome de quem é, sem trabalhar para isso. Seu pai decide que ele não irá sucedê-lo, porque ser rei na verdade é um trabalho! Em contraste, Beli é trabalhador. Ele conquistou o respeito devido à forma como lidou com suas responsabilidades.

Epona gosta de pessoas que trabalham duro para fazer coisas que beneficiam a comunidade, quer os outros considerem essas coisas importantes ou não. Ela sabe que não existe trabalho sem importância ou membro insignificante no rebanho.

Um Rito para Honrar Epona

Neste rito invocaremos Epona para ajudar em nosso trabalho. Antes de começar, pense cuidadosamente sobre a atividade para a qual deseja ajuda. Como seu papel é o de Senhora dos Cavalos e Guardiã dos Rebanhos, a tarefa de cuidar é a mais apropriada, mas qualquer trabalho (remunerado ou não) que beneficie a comunidade como um todo é bom. Não deve ser algo que beneficie apenas você. Certamente pode ser algo que apenas forneça recursos financeiros para cumprir suas responsabilidades com os outros, pois isso também é cuidar.

Quando estiver decidido sobre qual tarefa gostaria de receber ajuda, procure um símbolo associado a essa atividade para apoiá-lo. Se quiser, pode ser algo utilizável – um amuleto, um alfinete, um retalho, uma pulseira de plástico para uma causa, uma parte de sua roupa de trabalho. Também pode ser algo que pode ser colocado em um altar ou escrivaninha ou em algum lugar onde você o veja. Se quiser levar consigo, pode até ser algo como uma caneca de viagem com um símbolo do seu trabalho nela. Ninguém vai pensar que uma caneca com a inscrição "#1 Nurse" é algo oculto! O que quer que você escolha, certifique-se de que é algo que pode levar para o trabalho pelo menos ocasionalmente.

Este rito foi projetado para uma pessoa fazer sozinha, mas pode ser adaptado para ser feito com outras pessoas. Se estiver ritualizando com várias pessoas, cada uma delas vai precisar de um símbolo de seu trabalho.

Você vai precisar de:

- Incenso (de preferência cedro, pinho ou outro aroma amadeirado) e um queimador
- Um amuleto ou outro objeto que pretende usar (se tiver mais de uma pessoa, vai precisar de um para cada)
- Uma imagem de Epona. Se preferir, pode usar a imagem de um cavalo
- Uma pequena jarra de vinho ou suco de frutas
- Uma taça ou um cálice
- Uma tigela de libação
- Uma vela verde ou branca de qualquer tamanho ou forma

Itens extras opcionais

- Um pano de altar verde
- Um pouco de pão e um prato

Primeiro, organize seu altar para Epona. Coloque a imagem centralizada na parte de trás do altar. Em seguida, agrupe os outros itens ao seu redor de maneira agradável. Você pode adicionar outros enfeites, se desejar – coloque mais velas, mais imagens, pratos e copos elaborados e sofisticados para conter a comida e a bebida. É apropriado usar o seu melhor.

Como você está pedindo diretamente a uma Deusa em vez de fazer um feitiço ou realizar um grande ritual, não será necessário invocar os Quadrantes nem outras Divindades além daquela a quem está fazendo a petição.

Prepare-se vestindo qualquer roupa que evoque adoração para você. Desligue os aparelhos eletrônicos ou luzes elétricas e coloque-se em um estado de espírito reflexivo. Se for tocar alguma música, você pode iniciar agora.

Acenda a vela e depois o incenso se estiver usando algum. Reserve um momento para se centrar e diga:

Epona, Senhora dos Cavalos, guardiã e guia, peço que compareça.

Despeje o vinho ou suco de frutas na taça e depois despeje uma libação na tigela do conteúdo da taça. Agora beba do cálice você mesmo e diga:

Obrigado por compartilhar este Cálice comigo.

Parta o pão e coloque um pedaço na tigela de comida, se estiver usando pão. Coma um pedaço você também e diga:

Obrigado por compartilhar esta comida comigo.

Diga a Epona com suas próprias palavras em que trabalho você gostaria que ela ajudasse. Diga a ela por que isso é importante para você. Diga o que faz e quais desafios você enfrenta. Ao contar a ela, talvez você pense em algumas coisas específicas que facilitariam seu trabalho ou que o ajudariam a realizá-lo. Se o fizer, entenda isso como uma sugestão dela – essas são coisas que forneceriam ajuda real e material! Concentre-se em coisas concretas. Epona é uma Deusa muito prática e ajuda com problemas concretos. Por exemplo, não é ela quem ajuda com uma barreira como a falta de autoconfiança. Ela vai auxiliar quando você se deparar com desafios como a gestão de um cronograma impossível ou a escassez de recursos para a conclusão de suas tarefas. Conte a ela sobre problemas concretos e ouça – você pode ouvir sua resposta em sua própria pergunta.

Quando terminar de explicar que tipo de ajuda precisa, pegue o símbolo tangível do trabalho que você preparou. Coloque os dedos sobre ele, as pontas apenas se tocando e diga:

Epona, Senhora dos Cavalos, por favor, ajude-me com soluções práticas para o meu problema. Que isso seja um símbolo de sua ajuda e cuidado, pois é um reflexo do trabalho que faço. Deixe-me ser, como você, um guardião do rebanho. Ajude-me no meu trabalho em benefício da comunidade para que eu possa me aprimorar continuamente e prestar um serviço ainda melhor àqueles que contam comigo.

Feche os olhos e fique quieto. Tente recapturar a paz que você sentiu na meditação, parado na encosta verde olhando para o rebanho pastando pacificamente. Mantenha essa paz. Saiba que você pode alcançar o toque de Epona sempre que precisar.

Quando sentir que está pronto, diga:

Obrigado Epona, por sua ajuda e sua graça.

Apague as velas e o incenso se estiver usando algum. Leve suas oferendas para fora, se puder. Termine as porções que não foram oferecidas agora ou em breve – não as jogue fora.

Leve o objeto simbólico com você e coloque-o onde possa vê-lo com frequência. Pode estar no seu altar, no seu espaço de trabalho ou até mesmo na prateleira do banheiro. Deixe lá para lembrá-lo da ajuda e graça de Epona.

Nos dias seguintes, procure oportunidades para melhorar seu trabalho e resolver os problemas que o preocupam. Lembre-se de que, embora Epona possa lhe dar oportunidades, você deve falar por si mesmo! Talvez se encontre em posição de expressar problemas que estão acima de você ou de fazer algumas mudanças que beneficiarão não apenas a si mesmo, mas também outras pessoas que fazem o mesmo trabalho. Aproveite essas oportunidades, sabendo que elas são dadas pela Epona para aqueles que trabalham para o bem da comunidade. Como Beli na história, Epona não pôde lutar por ele. Beli teve que tomar decisões e lutar contra si mesmo, sabendo que a ajuda de Epona era o bastante. Ela o ajudará, mas não fará o trabalho por você.

Lembre-se também de que sempre pode voltar para falar com ela novamente. Você pode descobrir que simplesmente contar a Epona sobre os problemas para os quais precisa de ajuda vai auxiliá-lo a identificar soluções ou coisas que melhorarão seu trabalho. Epona aprecia o esforço, então mesmo que não estiver sendo totalmente bem-sucedido em seu trabalho, ou algo não estiver indo bem, ela entende que você está fazendo o seu melhor. Esforçar-se para tornar seus rebanhos seguros é o chamado mais importante no que diz respeito à Epona.

Correspondências de Epona

Aqui estão algumas correspondências para ajudá-lo a honrar Epona, seja montando um altar para ela, seja planejando um ritual que a invoque, seja simplesmente trazendo um pouco de sua energia para sua vida diária.

Cores: verde, branco

Incenso: cedro, pinho, abeto ou outro aroma amadeirado

Símbolos: cavalo, cachorro

Dia do festival: 13 de junho

Comida: pão

Capítulo Sete

Afrodite, Rainha do Mar

Afrodite, a Deusa do Amor, é uma das Deusas helenísticas mais conhecidas. O amor não tem limites, portanto, Afrodite não os tinha. Como Afrodite Pandemos, ela era a Deusa de todas as pessoas. Além disso, Afrodite era também uma Deusa do Mar. Como Afrodite Pelagia, ela era patrona dos marinheiros e das viagens justas. De fato, seu culto como Deusa do Mar parece ser anterior à sua função como Deusa do Amor. Esta história poderia ter acontecido no período helenístico, mas aconteceu muito antes, no mundo minoico.

História: O Reino da Dama do Mar

Você acha que ela é dócil? Acha que ela é uma doce Deusa para jovens apaixonados desmaiarem de amor? Pense de novo. Quem faz vida no mar aprende melhor. Afrodite Pelagia não é doce para ninguém. Ela pode favorecê-lo e, se isso acontecer, vai espremer você e envolvê-lo como nada neste mundo. Do contrário, mais cedo ou mais tarde você estará em uma sepultura profunda e debaixo d'água. O mar está claro e frio ao mesmo tempo, como o amor. Como ela.

As paredes do mar ali, aquelas ao longo do porto que parecem ter sido erguidas por Titãs, as que ainda guardam Mileto, foram construídas por aqueles que sua misericórdia poupou, pelo amor da Rainha do Mar.

Há muito tempo, cerca de mil anos ou mais, havia uma cidade em uma das ilhas, Thera. Não há nada além de uma vila lá agora, mas naquela época era uma grande cidade com palácios, portos, terraços e casas empoleiradas nas encostas das montanhas, todas elas voltadas para o mar. No topo ficava o palácio. Bem lá no fundo, onde se ouvia o mar em todos os cômodos, ficava o Templo de Afrodite. Eles a chamavam por um nome diferente então, mas era a mesma. Ela é sempre a Rainha do Mar.

Naquele Templo havia uma Sacerdotisa que a servia. Seu nome era Kassiope, uma mulher de meia-idade, morena, curvilínea e bonita, com seios fartos sobre as saias compridas que caíam em camadas até os pés e olhos brilhantes que olhavam o mundo com amor. Ela tinha dois filhos, uma menina e um menino. Também tinha dois amantes. Um deles era Hiero, o governante da cidade, pai de sua filha. O outro era Aren, capitão de um navio e pai de seu filho. Ambos sabiam um do outro e ambos podiam tê-la, mas não mantê-la, então ambos estavam contentes. Mas por que eles a compartilhavam? Bem, quem poderia ter uma mulher assim, Sacerdotisa da própria Rainha do Mar, serva da própria Afrodite.

Todas as manhãs Kassiope descia as escadas até ao mar onde havia uma piscina abrigada e ia alimentar o polvo que ali vivia. Na verdade, havia mais de um, mas eles a conheciam como as cobras fazem nos Templos agora e vinham até ela e se enroscavam em suas mãos, tocando sua pele com seus membros. Às vezes, quando parecia certo, um deles nadava para dentro do tacho de barro que ela carregava, enrolando-se no fundo como fumaça. Nessa manhã em particular, Kassiope os alimentou e seu favorito fez isso. Ela levantou o tacho cheio com a água da piscina e o polvo dentro. "Pronto, meu amigo", disse ela. No entanto, por algum motivo, de repente o polvo se assustou, deixando escapar tinta e subindo a borda do tacho para mergulhar de volta na piscina, espirrando água em suas saias brilhantes.

Kassiope estava pronta para exclamar aborrecimento quando a tinta a atingiu. Ela olhou para as profundezas do tacho, a tinta brotando em uma coluna e se espalhando como uma flor escura, e viu a forma de uma montanha. Ela viu fogo e fumaça, deslizamentos de terra rolavam pelas encostas, pedras e cinzas caiam do céu, encobrindo tudo. Sob seus pés ela sentiu o que havia perturbado o polvo, o leve tremor da terra despertando.

Agora ela sabia o que era um tremor. A montanha dormiu. Todos aqui sabem como é quando a terra murmura em algum lugar lá embaixo? Na maioria das vezes não é nada. Às vezes não é, mas as paredes caem e as pedras rolam colinas abaixo. Mas isso – o que ela viu no tacho pela graça da Dama do Mar, era diferente de tudo que ela conhecia. Ela viu toda a montanha se erguer, fogo subindo para o céu, um anel de escuridão se espalhando sobre o mar, que se erguia em ondas maiores que palácios.

Kassiope derrubou o tacho e ele se estilhaçou na pedra. Ela olhou para ele com horror. Certamente não tinha visto o que pensava ter visto. No entanto, sob seus pés havia um leve murmúrio, baixo e suave o suficiente para que nem mesmo os pássaros que se abrigavam nos beirais do Templo levantassem voo. Não poderia ser. Ela pegou os cacos do tacho e os jogou fora, depois continuou seu trabalho com a mente perturbada.

Naquela noite, quando seus filhos estavam dormindo, Kassiope voltou para a piscina sob o luar fresco e entrou no mar até a cintura, as ondas suaves batendo contra ela. "Pelagia," ela disse, "Senhora do Mar, que nos dá sua generosidade e que apressa nossos ricos navios mercantes para casa, esta visão é verdadeira? E se assim for, o que posso fazer para salvar seu povo que a honra e a adora?"

Era a pergunta certa e a resposta veio até ela tão suavemente quanto as ondas que a tocavam, tão suave quanto o luar. "Você tem navios. Eles devem carregá-los para longe deste lugar. Abra suas asas brilhantes e fuja como os pássaros fazem."

Com isso, ela ficou ainda mais preocupada, como as pessoas poderiam ser persuadidas a fazer uma coisa dessas? A cidade era rica. Havia quintas e lojas, teares e casas com pinturas, cabras, cães e espigueiros. O que poderia persuadir as pessoas a deixar um lar assim? Era uma beleza incomparável.

Kassiope ainda estava pensando na tarde seguinte, quando Aren veio até ela. Ele havia chegado ao porto e correu para vê-la, um belo e jovem marinheiro que amava o mar e que ousava todas as tempestades e estreitos traiçoeiros, contando com a habilidade e o amor da Dama do Mar. Eles foram para o quarto dela e se deitaram juntos ao sol, quando terminaram, ela chorou.

"O que está errado?" Aren perguntou. "Eu machuquei você de alguma forma?" E assim Kassiope contou sobre sua visão e o que tudo isso significava. Ela também contou sobre o conselho da Deusa e como isso parecia impossível. Aren escutou. Sua testa franziu. "Se ela diz isso, deve ser verdade", disse ele, "pois ela nos ama e é a ela que devemos toda a nossa riqueza e paz". Ele se virou para que ela deitasse em seu peito. "Vi peixes mortos flutuando na superfície do mar. Isso só acontece quando algum choque os perturba lá embaixo. E vi os golfinhos nadando para longe, em grupos, saltando no ar do verão e borrifando, voando como se saíssem da proa de um navio. Eles ouvem coisas que não ouvimos, nas profundezas do mar".

"Eles são suas criaturas", disse Kassiope. "Se você também viu esses presságios, devemos ir falar com Hiero".

E assim fizeram, Aren esperou enquanto ela caminhava com Hiero sob o longo pórtico com suas colunas vermelhas que davam para o mar. Ela contou tudo a ele e depois ficou em silêncio. Ele também não falou. Ela olhou para o oceano e Hiero olhou para a cidade nas encostas, para as casas, mercados e portos. Enquanto estavam parados, os pássaros nas árvores da encosta abaixo levantaram voo. Um momento depois eles sentiram o tremor, como se uma criatura lá embaixo, no escuro, tivesse se revirado durante o sono, um estrondo mal sentido bem abaixo de seus pés.

Hiero olhou para ela, seu rosto estava sério. "Eles não irão", ele disse, "até que seja tarde demais, eles não acreditarão o suficiente para deixar isso tudo. Eu mesmo não tenho certeza se acredito".

"Eu também não quero acreditar", disse Kassiope.

Ele pôs a mão no braço dela. "Vá", disse ele. "Pegue as crianças e vá com Aren e quem mais quiser ir. Eu vou ficar. Talvez seja melhor morrer como vivi do que perder tudo o que amei em minha vida".

Ela abaixou a cabeça. "Eles olham para você", disse ela. "Se você não for, muita gente vai ficar, porque confiam em você. Eles vão pensar que é seguro". Ela sentiu a mão da Rainha do Mar em suas costas. "Vai piorar antes do fim. Os tremores vão piorar. Quando acontecer, as pessoas vão me ouvir. Então deve haver um plano". Ela encontrou seus olhos. "Eu não vou deixar você morrer".

Ela era de aço, esta mulher, implacável como o próprio mar, e os moveria em seus ombros se precisasse. E assim ela fez. Ela chamou Aren e eles contaram navios, pessoas e animais. Era possível. Poderia ser feito para evacuar por mar se as pessoas fossem. Eles fizeram um plano.

Os tremores se tornaram mais frequentes, os presságios eram óbvios. Os pássaros se foram, voaram para longe. No décimo dia, o solo tremeu pela manhã, deslocando um pouco o Templo de seus alicerces, rachando a rua que segue até ao mercado. Kassiope se dirigiu à multidão que se aglomerava nos degraus do Templo, Aren de um lado e Hiero do outro. Ela contou a todos claramente o que a Senhora do Mar disse, que eles deviam partir. Então Hiero deu um passo à frente e disse que casas e mercados poderiam ser reconstruídos, mas não pelos mortos. Ele ordenou por sua autoridade que todos deveriam evacuar. Mesmo enquanto ele falava, o chão tremeu novamente. Uma pequena nuvem de fumaça escura apareceu no topo da montanha.

"Está na hora!" Kassiope gritou para ser ouvida pela multidão. "Cada pessoa tem um lugar em um navio. Temos espaço para alguns bens e animais. Existem listas. Venham ter comigo ou com o Aren e nós vamos lhes dizer onde está o seu espaço à sua espera. A mão da Rainha do Mar está sobre nós. Ela vai nos salvar!"

Agora você pode pensar que as pessoas entraram em pânico, mas não. As pessoas podem ficar notavelmente calmas em um desastre se houver um bom exemplo. Havia, e eles amavam Hiero, então eles o seguiram. Sim, no final todas as pessoas o seguiram. Ninguém ficou na cidade, nem um cachorro ou cabra. Demorou dois dias para todos embarcarem e os navios foram partindo assim, um a um. Para onde eles foram? Você deve se perguntar? Foi para cá que eles vieram, Mileto, atrás de seu promontório. Havia uma vila de pescadores aqui e um bom porto, mas o mais importante era o promontório, uma faixa de terra com penhascos de 12 metros de altura que protegia o porto atrás dela.

O último navio era de Aren. Kassiope estava com ele, tendo enviado as crianças com Hiero em um navio três horas antes. Eles estavam bem no mar, olhando para a montanha quando ela soprava. Uma coluna de fogo subiu ao céu e rios de pedra fundida correram por suas encostas. As cinzas caíram como chuva.

Kassiope ficou horrorizada, mas Aren gritou em voz alta. “Remadores! Conduza-nos! Leve nossa proa para longe dali!” Ele viu a onda. Ela se ergueu, alta como as casas, uma vasta forma verde como um monstro surgindo das profundezas coroado de espuma. Tinha três vezes o comprimento do navio.

Os remadores ficaram de costas para ela e Aren estava no leme, girando, girando conforme a onda vinha. Será que ela os pegaria de lado, derrubando-os e jogando-os como uma folha em um riacho de movimento rápido? A onda se elevou acima deles no momento em que se viraram.

O navio subiu de proa rompendo a crista com uma corrente de água nas laterais, com borrifos brancos voando, e então eles desceram pela parte de trás do navio. A pedra-pomes flutuava no mar.

“Retornem!” Aren gritou: “Vamos segui-los!” É claro que ele estava com medo do que poderia ter acontecido com o resto da frota à frente deles. De fato, um navio virou e alguns se perderam, mas a maioria dos navios resistiu à grande onda que se arrebentou no promontório, a espuma subia acima deles. No entanto, o porto logo atrás estava seguro, e ali eles descansaram. Aren dirigiu o navio e Kassiope saltou sobre a amurada, correndo para abraçar seus filhos que vieram ao seu encontro, ajoelhando-se com eles nas ondas. Hiero e Aren olharam para trás, a vasta coluna de fumaça sobre o mar subia como ondulações em direção ao céu.

A terra foi perdida, mas as pessoas foram salvas e ainda contam sua história: o reino da Dama do Mar em toda a sua beleza com seu fim em chamas, e como ela salvou aqueles que confiaram nela. Então, da próxima vez que você achar que ela é frágil, pense nisso. Afrodite não é fraca. Eles foram salvos pelo amor um pelo outro.

Questões a serem consideradas

Agora que você leu uma história sobre Afrodite, faça um registro em seu diário. Use papel, um instrumento de escrita ou um meio eletrônico de registro. É hora de considerar sua reação à história que acabou de ler.

- Qual é a sua reação emocional imediata à história de Afrodite?
- Quantos tipos diferentes de relacionamentos e de amor você vê na história? Como cada amor contribui para o final? Algum deles o surpreendeu?
- O que você achou da mão indireta de Afrodite nisso?
- Como essa história o surpreende? Ela é diferente da sua imagem anterior de Afrodite?
- Você se sentiria confortável em invocar Afrodite? Por que sim ou por que não?

Culto Antigo: Afrodite

A erupção da ilha vulcânica de Thera é um evento real que aconteceu no século 16 EC. Naquela época, a ilha abrigava uma incrível cidade minoica, agora conhecida como Akrotiri. Era um rico porto comercial, com ruas largas e casas geminadas de vários andares. Surpreendentemente, apesar da erupção e de ter sido soterrado nas cinzas, não foi encontrado um único conjunto de restos humanos ou de animais, somente pouquíssimos pequenos objetos de valor. Havia enormes vasos de um metro e meio de altura, móveis grandes e coisas do gênero, mas está claro para os arqueólogos que a cidade foi evacuada de maneira ordenada antes da erupção. Que feito incrível! Imagine saber que a erupção era iminente sem geólogos ou sismólogos. Imagine evacuar uma cidade sem perda de vidas – difícil o suficiente para fazer hoje, e ainda assim eles fizeram. Esta é uma história que retrata como isso pode ter acontecido.

As casas foram decoradas com belas pinturas nas paredes, muitas das quais perduraram em cores surpreendentes e vibrantes. Desde que Akrotiri foi descoberto, as pessoas levantaram a hipótese de que esta foi a origem da antiga história da cidade perdida de Atlântida. A civilização minoica em Thera se encaixa perfeitamente nas descrições que Platão fornece, incluindo que estava nas encostas de um vulcão e foi destruída pela erupção.[32] A cerâmica do local o coloca no período certo, o século 16 EC. Como Akrotiri foi evacuado, havia claramente sobreviventes que poderiam espalhar a história e que presumivelmente se estabeleceram em outros lugares onde sua avançada civilização minoica era notável.

Dizia-se que a própria Afrodite havia nascido a cerca de sessenta milhas de distância, na ilha de Citera. Certamente, a área foi um dos primeiros centros de sua adoração. Templos e ritos para Afrodite Pelagia abundavam em cidades portuárias no Egeu, particularmente em Chipre no Mediterrâneo Oriental.

Encontrando Afrodite: uma Meditação

Esta meditação pode ser feita de duas maneiras diferentes: em parceria com alguém que leia para você, podendo se revezarem para fazer a meditação, ou simplesmente leia em um local silencioso ou até mesmo grave e reproduza para si mesmo.

Procure um lugar tranquilo, onde não seja incomodado por cerca de vinte minutos. Você pode tocar uma música suave, se quiser. Se tiver alguma música que costuma usar durante a meditação, certamente poderá usá-la. Se for usar incenso, considere uma das recomendações da lista de correspondências no final deste capítulo.

32. Patricia Claus, "New Findings on Santorini Point to Lost Island of Atlantis Origins" *The Greek Reporter*, May 2021, https://greekreporter.com/2021/05/21/new-findings-on-santorini-point-to-lost-island-of-atlantis-origins/.

Respire fundo para ajudá-lo a desacelerar. Em seguida, respire fundo novamente. Faça isso até conseguir relaxar. Agora, comece a ler para si mesmo ou peça para que leiam a meditação para você. Se a meditação estiver sendo lida por outra pessoa, feche os olhos. Caso contrário, leia em voz alta lentamente, para ter tempo de absorver as palavras.

Esta pode ser uma experiência intensa, então leia a meditação antes de começar e decida se é algo que realmente deseja fazer.

Você está caminhando na praia, à noite. É lindo e pacífico, uma lua cheia paira sobre o oceano fazendo um caminho através das ondas. O mar é calmo, pequenas ondas que vêm de um mar sereno, quebrando quase na costa e batendo na areia. Você caminha ao longo da borda das ondas, deixando-as lavar seus pés de vez em quando, os dedos dos pés afundando na areia fresca. Não há som, exceto a brisa e as ondas, suaves e calmas. O luar faz um caminho através da água.

Na quieta noite, você continua caminhando mais um pouco, mas não está cansado. É tão refrescante, tão calmante. Você vê uma mulher logo à frente. Ela está vindo em sua direção, o oceano beijando seus pés. Ela está nua, a mulher mais linda que você já viu, completamente tranquila e relaxada. Ao ver você, seu sorriso é mais brilhante do que as estrelas, como se ela estivesse totalmente encantada em cumprimentá-lo. Você não pode deixar de sorrir de volta. Sua expressão desperta alegria.

Você sabe que esta é Afrodite, a própria Rainha dos Mares. Tome um momento para olhar para ela. Sua beleza é a mais sublime de todas; ela teve muitos rostos ao longo dos tempos, e os gostos pela beleza são intensamente pessoais. Enquanto você pensa, o sorriso dela se alarga. "Se todos no mundo quisessem a mesma mulher, onde estaríamos? Todo mundo é desejável para a pessoa certa, assim como todo mundo é bonito. Você é lindo".

Ela quis dizer isso. Isso pode ser difícil de acreditar, ou pode ser muito fácil, mas seus olhos são sinceros. Você sabe que ela está falando a verdade.

"Caminhe comigo nesta linda noite", ela diz. Você caminha pela praia ao lado dela. Ela caminha do lado da água, as ondas batendo mais alto nela do que em você, o som suave do oceano ao seu redor. "Conte-me sobre seus amores", ela diz. "Fale-me sobre as pessoas que você mais ama no mundo".

Você pensa por um momento. Quem você ama? Quem está no centro do seu coração? Pode ser alguém com quem você se relaciona, ou seus pais, filhos ou irmãos, ou uma amizade querida. Conte a ela sobre as pessoas que você ama, todas elas, em sua variedade.

Afrodite escuta. Ela ouve as palavras do seu coração. Ela compreende o amor em todas as suas manifestações, independentemente de quão comum ou desejável seja. Não importa de que maneira você experimente o amor, não é algo estranho para ela. É parte de sua experiência, parte de seu reino, assim como os poderosos mares que estão calmos para você aqui e agora.

Ela capta esse pensamento. "O amor", diz ela, "pode ser selvagem e perigoso. É sempre difícil dar o seu coração. É sempre arriscado. Outras pessoas não estão sob seu controle e sempre podem fazer coisas que o machucam. Os mares são imprevisíveis. No entanto, é aí que está a vida – nas grandes profundezas, nas águas rasas abundantes, nas águas verdes. Você foi feito para o amor".

Suas palavras o atingem profundamente. Você foi feito para o amor.

Afrodite sorri. "Você foi feito para o amor como um boto para as ondas. Você tem o que precisa para nadar nessas águas. Tudo o que você precisa para navegar nas correntes do coração já está dentro de você, aqui". Ela toca seu peito levemente, logo acima do seu coração. "Simplesmente amor".

Você sente uma sensação de paz. Você tem o que precisa. Mesmo que seja difícil identificar no momento, ele está lá.

Ou talvez seja fácil. Talvez seus amores sejam correspondidos e você esteja muito feliz com eles. Se assim for, você sabe que ela está certa. Você tem o que precisa.

Afrodite dá um passo para trás. "Vá em frente, meu bem", diz ela. "Estarei aqui se precisar de mim". Ela se vira e começa a caminhar pela praia para longe de você, enquanto as ondas brincam ao redor de seus tornozelos, lavando-os e então retrocedendo.

Você demora um pouco para respirar a paz do momento, o longo período de silêncio quando ela o deixa, como a respiração após o amor. Você começa a andar na direção oposta.

E então, você volta para sua vida, para o mundo que deixou.

Abra os olhos.

Reserve um momento para aterrar e centralizar e volte totalmente. Quando estiver totalmente recuperado, desligue a música ou os sons do oceano, se os estiver usando, e apague qualquer incenso ou velas. Respire fundo e agradeça à Deusa por sua atenção.

Lições de Afrodite: A Deusa do Amor

Agora que você leu uma história sobre Afrodite e fez uma meditação para conhecê-la, vamos falar um pouco sobre seus dons.

Nuances do amor

Na história, vimos exemplos de diferentes tipos de amor: o amor de Kassiope por Hiero e por Aren, e o amor deles por ela; o amor deles por seus filhos e presumivelmente o amor de Hiero por todos também, já que ele os levou para um lugar seguro. Vimos também o amor de Aren pelo mar; o amor de Hiero por sua cidade, Akrotiri, e o amor de Kassiope pela Deusa a quem servia. E havia o amor da Senhora do Mar por toda essa gente. Muitas vezes estamos acostumados a pensar no amor, especialmente em Afrodite, no sentido de amor puramente romântico ou sexual, mas esse era o domínio de Eros, filho de Afrodite. A Deusa do Amor, Afrodite Pandemos, é a Deusa de todos os tipos de amor. O amor romântico e sexual faz parte disso, mas apenas parte.

Todos esses tipos de amor tornaram possível a fuga do vulcão em erupção. Kassiope amava Aren e confiava em suas observações das criaturas marinhas que confirmaram sua visão. Hiero amava Kassiope e acreditou nela quando ela disse que uma erupção era iminente. Todos eles foram estimulados à ação pelo amor aos filhos. O amor de Aren pelo mar e a habilidade que adquiriu como marinheiro tornaram possível sobreviver ao maremoto por meio de suas ações rápidas e corretas. O amor de Hiero por Akrotiri foi imperativo para salvar todos os que viviam lá. E, acima de tudo, o amor de Kassiope pela Dama do Mar e seu serviço à sua Deusa permitiu a ela receber o aviso em primeiro lugar. Amor romântico e sexual, amor pela família, amor pelo próprio trabalho, amor pelos outros e amor pelos Deuses são todas nuances do amor.

Como você vivencia esses amores em sua vida? Algum deles é desconfortável? Na sua opinião, algum deles é menos importante ou válido? Algum dos seus amores está relacionado a coisas com as quais você gostaria de ter experiências positivas, mas não tem? Muitas pessoas têm cicatrizes ou más experiências que mancham a maneira como veem alguns tipos de amor. Por exemplo, se você cresceu em um ambiente religioso tóxico, pode ver o amor pelos Deuses como algo assustador ou inatingível. Talvez você tenha sido criado para não valorizar um tipo de amor ou ensinado que certos relacionamentos não são importantes. Ou talvez, por causa de relacionamentos anteriores, você veja o amor pela família como perigoso ou desnecessário. Depois de uma experiência ruim com algum tipo de amor, é fácil rejeitá-lo ou desvalorizá-lo nos outros. É fácil fechar um coração ferido. Afrodite entende isso.

Ela estende as mãos para curar os corações a tempo. Continuando o exemplo anterior, se você está muito perto de uma educação religiosa tóxica para experimentar o amor dos Deuses, isso não significa que sempre estará. O tempo passa. Os corações se curam com a ajuda de Afrodite. Ela entende a mutabilidade do sentimento. Tentamos nos colocar em caixinhas e nos definirmos a nós mesmos e aos outros. No entanto, os sentimentos mudam. Nós crescemos. Colocamos os galhos em uma nova direção. Como nos sentimos hoje pode não ser como nos sentiremos daqui a vinte anos. Devemos permitir o crescimento do coração. Devemos nos dar espaço para cura e para as mudanças. Estar de "coração aberto" é estar pronto para deixar o amor entrar, seja qual for a forma que ele tome.

Confiar

Outra coisa que vimos na história foi a confiança que nasce do amor. Repetidamente, as pessoas confiaram umas nas outras e na Senhora do Mar. Essa confiança foi o que lhes permitiu sobreviver.

No entanto, quando a sociedade ou os relacionamentos são prejudicados, a primeira coisa que cai é a confiança. Sem ela, é difícil para as pessoas funcionarem juntas. Vivemos em uma época em que a confiança nos outros é facilmente corroída. Basta olhar para as redes sociais para ver uma torrente de crueldade e desrespeito. Podemos não estar passando por uma erupção vulcânica catastrófica, mas já passamos por catástrofes em nossa vida. Como elas prejudicaram nossa confiança nos outros? Como isso foi reconstruído? Um dos efeitos secundários mais nocivos da catástrofe é isolar as pessoas dos laços sociais e relacionamentos que as tornam felizes. Uma das coisas que podemos pedir a Afrodite é ajuda para reconstruir esses laços. Como o povo de Akrotiri, precisamos viver em uma sociedade inteira e completa, onde podemos confiar uns nos outros. É inteiramente apropriado pedir a ela que nos ajude a curar corações e a reconstruir relacionamentos que dependem da confiança.

Como indivíduos, precisamos ter pessoas com quem podemos contar. Para isso, precisamos ser confiáveis. Pense nas pessoas com quem você construiu confiança. Quem confia em você porque você o apoiou? Como isso ajudou seu relacionamento a crescer e se aprofundar? A confiança é um componente importante do amor; é uma das coisas que o ajuda a resistir.

Fé

A fé é fruto da confiança. Fé é saber que alguém vai se comportar de determinada maneira quando você não tem como controlar ou saber o que está acontecendo. Por exemplo, se sua mãe sempre está presente em um determinado horário, você tem fé que ela vai estar lá hoje, a menos que algum acontecimento infeliz a impeça. Você não precisa checar como ela está. Se você tem um relacionamento monogâmico ou um relacionamento no qual ambos discutem relações externas, saber que seu parceiro é fiel significa que você sabe que ele não dormirá com uma pessoa aleatória que conhecerá amanhã. Você não precisa examinar o telefone deles ou pedir para alguém o seguir se ele não estiver com você. Da mesma forma, se seu melhor amigo sempre foi honesto com você, não há motivo para duvidar do que ele diz. A fé nos Deuses é simplesmente uma extensão disso.

Na história, Kassiope tem um relacionamento com Afrodite Pelagia arraigado na fé. Ela sabe que a Dama do Mar a protege e nunca lhe daria conselhos frívolos ou a desviaria. E sabe também que o aviso que recebeu era real, na verdade ela gostaria que não fosse. A relutância de Kassiope em acreditar não é porque ela não confia na Dama do Mar, mas porque ela não quer acreditar que essa coisa terrível vai acontecer. É compreensível e comum reagir a más notícias com negação no início.

Fé é uma palavra difícil para muitos de nós. Pode sugerir crença cega ou irracional em coisas que não parecem certas, mas isso não é fé. A fé é baseada em um relacionamento. Vem depois do relacionamento, não antes. Ela cresce a partir do amor e da confiança. "Tenha fé" é um direcionamento inútil, como dizer "se apaixone". Se os ingredientes do relacionamento não estiverem lá primeiro, não pode ser feito. A fé de Kassiope é baseada em um relacionamento de muitos anos com sua Deusa, da mesma forma que as pessoas que estão juntas há muito tempo acreditam uma na outra para seguir as regras de seu relacionamento sem verificar uma à outra. Seja uma pessoa ou um Deus, pense em quem você tem fé e como esse amor e confiança se desenvolveram. Um dos dons de Afrodite é o amor profundo que cresce com o tempo.

Um Rito para Honrar Afrodite

Neste rito invocaremos Afrodite para ajudar em nossos relacionamentos. Antes de começar, pense cuidadosamente sobre o relacionamento para o qual deseja ajuda. Não precisa ser um relacionamento romântico, mas precisa ser amoroso e pessoal. Pode ser com um parceiro, um pai, um filho ou alguém que você ama como irmão. Não precisa ser um relacionamento ruim ou que o perturbe. Talvez o relacionamento seja extremamente feliz e você gostaria que continuasse sendo uma fonte de força e alegria para ambos, enquanto o mundo lança crise após crise ao seu redor! Lembre-se de que na história, o que permitiu que todos trabalhassem juntos, com confiança e propósito, foi o fio de ouro dos relacionamentos de Kassiope.

Este rito foi projetado para uma pessoa fazer sozinha, mas pode ser adaptado para ser feito com outras pessoas. Se estiver ritualizando com várias pessoas, cada uma delas vai precisar de um símbolo de seu relacionamento.

Você vai precisar de:

- Incenso (de preferência rosa ou jasmim ou outro perfume floral intenso) e um queimador
- Uma concha ou berloque em forma de concha se quiser usar (se tiver mais de uma pessoa, vai precisar de um para cada)
- Uma imagem de Afrodite. (São fáceis de encontrar e existem muitas imagens bonitas na internet que você pode imprimir e usar se ainda não tiver uma).
- Uma pequena jarra de vinho ou suco de frutas
- Uma taça ou um cálice
- Uma tigela de libação
- Uma vela azul de qualquer tamanho e forma

Itens extras opcionais

- Conchas adicionais para decoração
- Música que invoque o oceano ou o som das ondas do mar e uma forma de tocá-la
- Pratos em forma de concha, castiçais, ou o que mais invocar a Senhora do Mar para si
- Um pano de altar azul
- Um prato de bolos de mel, como baclava, por exemplo

Primeiro, organize seu altar para Afrodite. Coloque a imagem centralizada na parte de trás do altar. Em seguida, agrupe os outros itens ao seu redor de maneira agradável. Você pode adicionar outros enfeites, se desejar – coloque mais velas, mais imagens, pratos e copos elaborados e sofisticados para conter a comida e a bebida. Você pode adicionar conchas ou decorações com tema do mar como quiser. É apropriado usar o seu melhor.

Como você está pedindo diretamente a uma Deusa em vez de fazer um feitiço ou realizar um grande ritual, não será necessário invocar os Quadrantes nem outras Divindades além daquela a quem está fazendo a petição.

Prepare-se vestindo qualquer roupa que evoque adoração para você. Desligue os aparelhos eletrônicos ou luzes elétricas e coloque-se em um estado de espírito reflexivo. Se você planeja tocar alguma música ou sons das ondas do mar, faça isso agora.

Acenda a vela e o incenso se estiver usando algum. Reserve um momento para se centrar e diga:

Afrodite, Rainha dos Mares, Senhora do Amor, peço que compareça.

Despeje o vinho ou suco de frutas na taça. Despeje uma libação na tigela e beba da taça você mesmo. Diga:

Obrigado por compartilhar este Cálice comigo.

Quebre ou corte um bolo de mel se estiver usando um. Coloque um pedaço no prato de oferendas e coma outro, saboreando a doçura do mel. Diga:

Obrigado por compartilhar comigo a doçura da vida.

Conte a Afrodite com suas próprias palavras sobre a pessoa que você ama. Diga a ela o porquê de essa pessoa ser tão maravilhosa e o que você tanto ama e aprecia nela. Não seja tímido – explique detalhadamente exatamente porque essa pessoa é especial para você. Se mais de uma pessoa estiver fazendo o rito, deixe cada uma ter a chance de compartilhar seu amor. Há uma razão pela qual isso precisa ser dito em voz alta: é uma declaração de amor, como um pedido de casamento. Não é segredo. Não está escondido. Isso é gritar seu amor aos céus, proclamando-o à Rainha do Mar! Em alguns dos Templos de Afrodite havia oferendas votivas, estátuas ou coisas semelhantes que eram dadas a ela e muitas vezes inscritas com o nome da pessoa que o doador amava, por exemplo, "Para minha esposa, Selene". Você está falando em voz alta o seu amor.

Depois de expressar seu amor, peça a Afrodite qualquer ajuda que desejar: "Gostaria que nosso relacionamento pudesse continuar pelo resto de nossas vidas". "Espero que meu relacionamento com meu filho melhore e que ele aprecie o apoio de sua família". "Peço sua ajuda para consertar meu relacionamento com meu melhor amigo, porque nossa discussão foi estúpida em comparação a todas as vezes que estivemos lá um para o outro".

Sua solicitação não deve conter culpa ou manipulação – Afrodite não gosta desses comportamentos, especialmente de amantes enganosos. Ela não vai ajudá-lo a mentir. Também não é hora de tentar se vingar de ninguém; ela tem uma visão obscura disso. Você está tentando melhorar um relacionamento ou até continuar nele, não mudar alguém. Se disser algo como: "Quero que nosso relacionamento melhore se ele decidir que quer o que eu quero", isso não vai funcionar. Afrodite fará o que for melhor. Se não for positivo para os dois, ela não vai ajudar. Lembre-se, amor e confiança devem ser uma via de mão dupla. Se a outra pessoa não o ama, não confia ou não deseja um relacionamento com você, Afrodite não vai ajudar na realização disso.

Pegue o amuleto ou a concha que você escolheu e diga:

Afrodite, Rainha dos Mares, por favor, deixe isso servir como um símbolo do meu amor abençoado por você.

Se várias pessoas estiverem realizando este rito, cada pessoa deve fazer isso. Em seguida, pegue o amuleto ou a concha e use ou coloque em algum lugar em você. Faça isso pelo tempo que quiser ou sentir que ainda é significativo para você.

Feche os olhos e tente recapturar a paz que sentiu na meditação, em pé na praia com Afrodite. Ouça o som das ondas. Se estiver usando sons oceânicos gravados, fica mais fácil. Se não, simplesmente imagine o som do oceano.

Quando sentir que está pronto, diga:

Obrigado, Afrodite, por seu amor e sua paz.

Apague as velas e o incenso se estiver usando algum. Leve suas oferendas para fora, se puder. Termine as porções que não foram oferecidas agora ou em breve, mas não as jogue fora. É especialmente bom compartilhar os bolos de mel com outras pessoas de quem você gosta.

Nos dias que se seguem, procure oportunidades para ser amoroso. Procure momentos em que possa expressar amor pelos outros, seja com a pessoa com quem você deseja melhorar seu relacionamento ou com qualquer outra pessoa. Pode ser que você tenha a oportunidade de demonstrar seu amor por alguém mais próximo. Pode ser que um estranho precise de alguém para reconhecê-lo e se importar com ele de alguma forma. Seja qual for o momento, aja com amor, como se cada ação fosse um presente para Afrodite. Tenha em mente os presentes da Rainha do Mar para você, a força do amor.

Correspondências de Afrodite

Aqui estão algumas correspondências para ajudá-lo a honrar Afrodite, seja montando um altar para ela, seja planejando um ritual que a invoque, seja simplesmente trazendo um pouco de sua energia para sua vida diária.

Cores: azul, rosa, esmeralda, cobre

Incenso: rosa, jasmim

Símbolos: conchas, rosas, flores, pérolas

Dia do festival: 1° de maio ou a lua cheia de maio

Comida: frutos do mar, bolos de mel

Capítulo Oito

Cybele, Morte e Renascimento

É difícil imaginar as controvérsias que surgiram em torno do culto a essa Deusa antiga, mas a adoração à Cybele foi uma das mais controversas do mundo helenístico. Convidados por alguns estados e proibidos em outros, seus Sacerdotes, os *galli*, eram reverenciados e insultados. Morte e renascimento são sempre assuntos assustadores, mas como os Sacerdotes de Cybele não eram considerados nem homens nem mulheres, seu culto era especialmente assustador para algumas culturas. Partes do mundo helenístico tinham uma longa história de aceitação de um terceiro gênero, enquanto outras enfaticamente não o faziam. Atribuir a esse gênero um papel liminar, situando-se entre a morte e o renascimento em tal posição de poder, parecia desafiar inúmeras culturas. Os romanos, especialmente, ficaram intrigados e consternados com a adoração à Cybele,

Esta história o convida a imaginar que você é um viajante romano que veio à cidade helenística de Pérgamo na esperança de aprender mais sobre os mistérios de Cybele do que os disponíveis em Roma.

História: A Morte de um Jovem

Você percorreu um longo caminho para morrer, meu jovem. Pérgamo fica longe de Roma. Pode muito bem-estar no extremo Oriente, no que diz respeito aos romanos. Não totalmente fora do mapa, mas quase isso. E ainda assim você veio, é claro, por Cybele. Em nome dela, dou-lhe as boas-vindas.

Eu sei o porquê você veio. Você levava uma vida tranquila, um jovem cidadão modelo, mas de alguma forma estava insatisfeito. Como poderia ser sua vida? Você era um cidadão romano, certamente a criatura mais elevada da Terra. No entanto, algo estava errado, algo indefinível, algo que você nem poderia nomear. Seria o toque dela? Havia algo que você não encontrava em seus Deuses domesticados? Ah, sim, eu sei que o Senado Romano acolheu Cybele quando eles pensaram que ela os ajudaria contra os cartagineses, mas eles a amarraram, não foi? Seus Sacerdotes eram restritos ao Templo, exceto nos dias de festa, e seu culto era restrito por suas regras. Eles pensaram que poderiam domá-la, que estando em Roma ela se tornaria romana. Eles estavam errados.

Ela nasceu aqui, nas florestas da Ásia Menor, muito antes dos hititas governarem. Às vezes encontramos sua imagem em uma caverna escura, a escultura de uma mulher não maior que nossas mãos, com seus seios e quadris largos e cheios, colocada lá no escuro, para adoração em um lugar que é como um túmulo. Ela estava aqui muito antes dos navios cruzarem os mares. Muito antes de as cidades serem levantadas. Quando o brilhante povo do mar e sua Deusa nascida no mar chegaram, ela já estava aqui, nas profundezas da floresta de pinheiros sob os picos das montanhas, em cavernas que serpenteiam na escuridão. Cybele é mais velha que as montanhas.

Foram os tambores que despertaram algo em sua alma? Você parou na rua, confuso, quando uma de suas procissões passou? Algumas vezes por ano, eles são liberados além de seus limites, seus *galli*, seus Sacerdotes, seus filhos, seus amantes. Você os viu passando? Eles dançavam enquanto caminhavam, longos cabelos descoloridos esvoaçantes, vestidos como Sacerdotisas com guirlandas, olhos delineados com *kohl*, pés descalços enfeitados com tornozeleiras. Eles dançavam enquanto caminhavam, golpeando seus tambores e címbalos, incutindo medo nos corações daqueles que assistiam, tão ferozes e desconhecidos, tão selvagens e fabulosos. Você assistiu, jovem? Você ansiava por isso?

Nenhum cidadão romano pode se juntar a eles. É proibido por lei. E ainda assim...

Você ouviu a história distorcida e transformada? Attis era seu filho. Não, ele era o amante dela. Ele foi infiel. Ele foi atacado. Ele era penitente. As versões são diferentes, mas todas levam à mesma coisa: ele foi castrado. Ele não era mais um homem. Era outra coisa, algo intermediário, alguém que não era homem nem mulher. Ele era um *gallus*. E era o amor dela, a vida dela, a respiração dela e renascido nela.

Ou será que ela era sua vida, sua respiração? Será que ele foi colocado em uma tumba e ressuscitou dos mortos para estar ao lado dela, renascido no sangue do touro? Ou ele renasceu em seu próprio sangue que fluiu onde seus testículos foram removidos, os restos sangrentos de sua vida anterior, que foram jogados no telhado em desafio, luto ou triunfo?

Você empalidece, mas não se mexe. Você veio para morrer.

Ah, sim, você ainda pode sair. Mas não vai. Não agora que chegou tão longe. Não se tiver nomeado o que deseja. Você morrerá. O jovem que veio aqui irá para o túmulo. Seu sangue será derramado. Você se deitará na dor e se levantará na alegria. Não será mais aquele homem. Terá um novo nome. Aquele jovem estará morto. Será outra pessoa. Será Attis. Será um *gallus*.

Seus parentes vão chorar por você. Eles não o reconhecerão se o virem e provavelmente nunca o farão. Dirão que você morreu no Oriente.

E você... será dela. Viverá como deseja, feroz, furioso e livre, entre um e outro, nenhum e ambos. Talvez você fique aqui. Talvez viaje por suas florestas de pinheiros e montanhas. Talvez vá para as cidades costeiras, dançando nas ruas de Tiro ou Biruta ou Ashkelon. Talvez você cuide de um Templo ou conduza uma música. Talvez fale a verdade aos governantes que ouvem corretamente quando a dança chega à sua porta, derramando ouro nas mãos dos dançarinos dela, a multidão selvagem, cuja morte e renascimento renovam a Terra. Existem muitos em terras distantes de Roma.

Você veio aqui para morrer para poder viver. Seja bem-vindo à graça de Cybele.

Questões a serem consideradas

Agora que você leu uma história sobre Cybele, faça um registro em seu diário. Use papel, um instrumento de escrita ou um meio eletrônico de registro. É hora de considerar sua reação à história que acabou de ler.

- Qual é a sua reação emocional imediata à história?
- Há coisas que o chocam ou o surpreendem? Isso é positivo ou negativo?
- Cybele e o culto a ela eram controversos em Roma, diferente do mundo helenístico, onde era difundido. Por que você acha que foi assim?
- Você acha que o culto à Cybele seria controverso hoje?
- Como o culto à Cybele fala ou não com você?
- O que você acha de seu papel como antiga Deusa da Terra? De seu papel como patrona dos *galli*?

Culto Antigo: Cybele

Cybele pode ter origens como a Grande Mãe Terra da Anatólia. As representações de uma figura feminina voluptuosa remontam à Idade da Pedra, como a outras partes do mundo. Ela também é mostrada sentada com animais em ambos os lados de seu trono, talvez simbolizando a domesticação de animais antes da agricultura.[33]

Mãe Terra Profunda

Representações posteriores mostram Cybele flanqueada por leões, uma indicação de sua conexão com a vida selvagem, e não com as vidas estabelecidas de fazendas e cidades. Como tal, ela é reverenciada e temida ao mesmo tempo – a natureza é necessária, mas parece assustadora para aqueles que não a conhecem. Cybele é a Deusa dos lugares profundos, do deserto impenetrável, das cavernas que descem para estranhos mundos de escuridão. Não o Submundo – o selvagem.

Ela também é a guardiã daqueles lugares profundos e escuros em nós mesmos, as fontes subterrâneas que nunca veem a luz. É a mãe adotiva de Dionísio, o Deus da Videira, cuja folia traz renovação, mas cuja loucura é realmente terrível. Ela está associada a Pan, o Deus das Florestas e Montanhas, que igualmente não pode ser controlado. Associada a Rhea, ela representa a fertilidade da terra longe dos campos arados, longe das terras domesticadas pelos humanos para cultivar coisas úteis para eles. Ela vigia os espaços liminares entre o civilizado e o indomado.[34]

O culto à Cybele se espalhou pelo mundo helenístico a partir do século 4 EC, com locais notáveis no Reino de Pérgamo e

33. keegan1234, "Cybele, the Mother Goddess", *Women in Antiquity* (blog), nov/2018, https://womeninantiquity.wordpress.com/2018/11/27/cybele-the-mother-goddess/.

34. Robert Turcan, *The Cults of the Roman Empire* (Londres: Blackwell Publishers, 1996).

nas cidades costeiras do Mediterrâneo Oriental. De Pérgamo se espalhou para Roma. Segundo o historiador romano Lívio, Cybele foi "convidada" a ir a Roma em 204 AEC, devido a uma profecia. Ela chegou na forma de uma pedra negra trazida da Ásia Menor, que foi alojada em um Templo construído para ela.[35]

No entanto, em Roma e nas áreas conquistadas por ela, que incluíam grande parte do mundo helenístico, a adoração a Cybele era rigidamente restringida. Seus Sacerdotes, os *galli*, eram proibidos de deixar o enclave do Templo, exceto em determinados momentos e em certas circunstâncias, principalmente nos dias da festa de Cybele, para participar de seus ritos. No entanto, sua adoração se espalhou. De fato, o túmulo de um *gallus* foi descoberto tão longe quanto a Grã-Bretanha, em Yorkshire![36]

Pânico (ou Pan-ico)

Qual era a razão dessas restrições em Roma e nos territórios sob o domínio romano, já que elas não existiam no mundo helenístico? A resposta pode ser o equivalente ao antigo pânico trans (Pan-ico).[37]

No mundo helenístico, o papel das mulheres era muito mais amplo do que em Roma, seguramente nos séculos 2 e 3 EC, quando o culto à Cybele chegou a Roma. Por exemplo, temos ampla evidência de mulheres ocupando cargos cívicos importantes, inclusive sendo eleitas para esses cargos, não como esposas ou filhas. São inúmeras as inscrições que se referem às mulheres como magistradas e juízas eleitas.[38] Este não era absolutamente

35. *Ibidem*.

36. "Dig Reveals Roman Travesite" BBC News, 21 de maio de 2002 http://news.bbc.co.uk/2/hi/uk_news/england/1999734.stm.

37. A expressão "pânico trans" se refere a uma hostilidade exagerada de alguém em relação a uma pessoa transgênero. (N. T.)

38. Ross Kraemer, ed., Maenads, Martyrs, Matrons and Monastics: *A Sourcebook on Women's Religions in the Greco-Roman World* (Philadelphia: Fortress Press, 1988).

o caso em Roma. Chamar um homem romano de "feminino" ou "afeminado" era um insulto mortal. O que poderia ser mais desafiador para a masculinidade romana do que um homem que queria ser mulher? O que poderia ser mais assustador, mais provocador de críticas sobre os "bárbaros orientais" do que a ideia de castração, a ideia de um homem alterando fisicamente seu corpo para não ser mais um homem?

Em grande parte do Mediterrâneo oriental havia uma longa tradição de um terceiro gênero, o "eunuco", que era geneticamente masculino, mas havia sido castrado, portanto, não era homem nem mulher. Enquanto alguns eunucos eram escravos e castrados involuntariamente, aqueles que serviam a vários Deuses eram geralmente pessoas que escolheram e buscaram um papel social que lhes permitisse viver como um terceiro gênero. Que os sacerdotes de Cyele não fossem binários, não era uma surpresa para as pessoas na grande parte do mundo helenístico, mas foi motivo de pânico em Roma. Ou seria Pan-ico?

O significado original da palavra "pânico" era "ser preenchido com a loucura de Pan", "ser transportado pela selvageria", "ser retirado de um estado mental comum e movido pela loucura extática". Imagine a reação dos cidadãos sérios à procissão de Cybele! Seus *galli* marcharam pelas ruas com pandeiros e flautas, dançando enquanto avançavam com seus longos cabelos descoloridos. Eles usavam tornozeleiras com sininhos e o que na época era considerado "roupas e maquiagem femininas". Eram furiosos e fabulosos. Isso não lembra Stonewall, quando *drag queens* abriram caminho na batalha pelos direitos LGBTQ+? Esse caos divino, a reviravolta da sociedade, o desafio às visões convencionais de gênero, vergonha e limitação com a gloriosa beleza da inconformidade não parecem bastante familiares? Isso se você já foi a uma parada do orgulho gay.

Perda e Renovação

Cybele é também a Deusa da morte e do renascimento, da perda e da renovação. A cada ano, seu amado Attis morre. A cada ano ele é sacrificado e a cada ano ele retorna. Seus principais ritos eram realizados no Equinócio da Primavera, entre o início de março e meados de abril, dependendo da localização. E há uma conexão óbvia com o retorno à fertilidade da terra. Attis é morto, seu sangue espalhado no chão e dele cresce a safra deste ano. Alternativamente, ele é castrado e de seus testículos surge um novo crescimento. Cybele cumpre os dois papéis: a mãe enlutada ou amante deixada para trás e a Deusa negra sob a terra que o recebe e auxilia em seu renascimento.

Além disso, há o significado menos literal de que, para crescer, devemos experimentar a perda. Não podemos recomeçar sem perder o que tínhamos antes. Os *galli* viveram essa história. Para se tornar uma nova pessoa com um novo nome, a pessoa que era antes tinha que morrer ritualmente. Assim como hoje muitas pessoas trans se referem à sua identidade anterior como seu "nome morto", os *galli* deixaram para trás suas identidades anteriores quando "morreram". A história do início do capítulo menciona isso na jornada de um jovem romano que deixou sua casa e foi para Pérgamo, para que pudesse morrer e renascer a serviço de Cybele.

O ciclo de morte e renascimento não se aplica apenas ao gênero, no entanto. A perda e a renovação fazem parte da vida. Podemos terminar um relacionamento e experimentar a perda que o envolve, mas sem essa perda não podemos recomeçar com outra pessoa. Concluímos um projeto e nos despedimos de algo que teve importância para nós, permitindo-nos, assim, iniciar uma nova jornada. Mudamos de uma casa para outra. Dizemos adeus aos filhos adultos que se mudam quando começam uma nova etapa de suas próprias vidas. Ao longo de nossa vida, passamos de um estado para outro. Morte e renascimento, perda e renovação, fazem parte do ser humano. Cybele governa essas transições.

Encontrando Cybele: uma Meditação

Agora que já lemos uma história sobre Cybele e aprendemos um pouco mais sobre ela, vamos conhecê-la com uma meditação que pode ser feita de duas maneiras diferentes: em parceria com alguém que leia para você, podendo se revezarem para fazer a meditação, ou simplesmente leia em um local silencioso ou até mesmo grave e reproduza para si mesmo.

Procure um lugar tranquilo, onde não seja incomodado por cerca de vinte minutos. Você pode tocar uma música suave, se quiser. Se tiver alguma música que costuma usar durante a meditação, certamente poderá usá-la. Se for usar incenso, considere uma das recomendações da lista de correspondências no final deste capítulo.

Respire fundo para ajudá-lo a desacelerar. Em seguida, respire fundo novamente. Faça isso até conseguir relaxar. Agora, comece a ler para si mesmo ou peça para que leiam a meditação para você. Se a meditação estiver sendo lida por outra pessoa, feche os olhos. Caso contrário, leia em voz alta lentamente, para ter tempo de absorver as palavras.

Esta pode ser uma experiência intensa, então leia a meditação antes de começar e decida se é algo que realmente deseja fazer.

> *Você está caminhando em uma floresta, à noite. Ao seu redor, enormes pinheiros se estendem em direção ao céu estrelado. Seus galhos balançam ao vento leve, um sussurro de agulhas quando os galhos se tocam. Sob as árvores, tudo é pacífico. Você está andando sobre um tapete de agulhas de pinheiro, seus pés não fazem barulho. Você serpenteia por entre as árvores, sempre subindo conforme o caminho parece levar mais alto.*

Passado algum tempo, você chega a uma encosta mais íngreme, mas consegue subi-la sem esforço, passando por uma trilha. De vez em quando você consegue ver através das árvores que há uma queda de um lado. Você está em uma montanha, escalando a encosta de um grande pico, mas seu percurso entre as árvores ainda é fácil. Às vezes, você pode ouvir o som de água corrente, como se um riacho o acompanhasse mais abaixo. É tudo muito tranquilo. Reserve um momento para sentir o cheiro da seiva dos pinheiros e ouvir a vida da floresta.

Sob o cheiro da floresta está o cheiro de uma fogueira. Você olha ao redor. Mais acima na montanha há um lampejo de luz vermelha em meio às árvores. Alguém está lá. Alguém está esperando por você.

Você caminha entre as grandes árvores e segue em direção ao fogo. Por fim, entra em uma clareira. As estrelas estão brilhando muito acima de você. As árvores parecem se curvar em direção ao centro. Uma pedra negra repousa profundamente enterrada na terra, como se há muito tempo um meteoro tivesse caído, seu núcleo se encaixando nesta clareira. Diante dela, um fogo arde em um braseiro preto. Atrás dele está uma mulher.

Ela parece ter entre cinquenta e sessenta anos e exibe um rosto orgulhoso e desafiador. Ela fixa o olhar em você por cima da pedra, levando-o a se inclinar em sua direção. "Por que você me procurou?" pergunta Cybele. "Por que veio a este lugar selvagem? O que você está procurando?"

Você diz a ela com suas próprias palavras o que veio buscar. Sabedoria? Consolo? Renovação? Conforto? Ou é apenas curiosidade que o traz aqui? Você conta a ela os motivos e ela balança a cabeça lentamente.

"Você está nos portões do mistério", ela diz. "Nas câmaras mais externas das profundezas. Se deseja ir mais longe, deve percorrer um caminho mais longo."

Você sabe disso. Você não veio aqui para ser iniciado. Veio para conhecê-la. "Poderosa, eu não busco iniciação neste momento," você diz. "Apenas desejo aprender e compartilhar com você essas ofertas".

"Isso é agradável", ela diz. "Pois o meu coração é profundo como o deserto e o caminho é perigoso. Vou aceitar suas ofertas e recebê-lo. Você pode usar este lugar para renovar seu espírito e, se quiser ir mais fundo, deve me procurar e dizer isso.

"Obrigado, Poderosa," você diz e olha para longe, em direção ao som de água corrente. Quando olha para trás, ela se foi. Você está sozinho na clareira diante da pedra, as fogueiras iluminam a noite. Ao seu redor está a profunda paz da floresta. As árvores se movem com a brisa, a luz do fogo piscando. Você faz uma pausa, simplesmente respirando no silêncio. Você sabe que existem mistérios além, mas por enquanto, pode simplesmente descansar.

Quando estiver pronto, você começa a caminhar de volta pela trilha. Ela o conduz por baixo dos galhos poderosos, ao longo do caminho descendente, até chegar à clareira onde você começou. Então a floresta começa a desaparecer ao seu redor e as árvores se tornam transparentes e indistintas conforme você retorna à vida normal.

Abra os olhos.

Reserve um momento para aterrar, centralizar e voltar completamente. Quando estiver totalmente recuperado, desligue a música ou os sons da floresta e apague qualquer incenso ou velas.

Pense por um momento sobre sua experiência. Qual foi a impressão que teve naquele momento? Como se sente agora?

Lições de Cybele: Os Presentes de Cybele

Agora que você já leu uma história sobre Cybele e fez uma meditação para conhecê-la, vamos falar um pouco sobre seus dons.

A selva por dentro

Você já sentiu que havia algo feroz dentro de você, como um tigre ou uma ave de rapina esperando para se libertar? Já sonhou que estava caindo de uma grande altura e então abriu suas asas e começou a voar alto como um pássaro? Já sentiu uma onda de liberdade dirigindo em uma estrada longa e vazia em que parecia que não havia mais nada entre você e o horizonte? Já sentiu o interior selvagem.

Talvez você tenha experimentado isso em uma música, em um show ou tocando para uma plateia. Talvez tenha sentido isso numa pista de dança, transformado pela batida. Talvez tenha sentido isso sozinho, viajando no deserto onde o céu parece tão grande. Há algo dentro de você que é furioso, feroz, fabuloso e estranho em sua beleza – esta é a parte que os mistérios de Cybele falam.

Assim como muitos de nós hoje, a maioria das pessoas no mundo helenístico viveu vidas moldadas pela influência da civilização. Fazemos parte de comunidades, famílias e grupos semelhantes. Somos responsáveis. Não podemos simplesmente dar partida no carro e dirigir até o horizonte, mesmo que às vezes uma parte de nós queira fazer isso. No entanto, às vezes precisamos nos aproximar dessa parte, dessa alegria e dessa loucura renovadora e purificadora que nos abre para novas possibilidades. Em muitas cidades do mundo helenístico havia espaço para essa liberdade. O festival anual em homenagem a Cybele, por volta do Equinócio da Primavera, deu às pessoas a chance de se soltarem, de fugir das regras, seguirem os dançarinos e se transformarem. Pode ser que os festejos do *Mardi Gras* e do Carnaval de hoje sejam descendentes distantes dessa festa de

Cybele: os participantes usam máscaras e podem assumir outras identidades, deixando de lado as responsabilidades do dia a dia. Às vezes, todos nós precisamos fazer isso. Umas férias em que podemos agir de forma diferente do habitual ou um clube ou uma festa – às vezes todos precisamos tocar o lado selvagem que existe dentro de nós.

Transformação

Talvez o maior dom de Cybele seja a transformação. Às vezes não precisamos somente de uma pausa em nossa vida, precisamos mudá-la. Precisamos mudar permanentemente a nós mesmos. Talvez estejamos enfrentando o fim de um relacionamento ou o início de um. Talvez nos mudemos para o outro lado do país, voltemos para a escola, vivamos em um lugar totalmente diferente de qualquer lugar que já tenhamos vivido ou façamos algo que pareça perigoso. Precisamos fazer uma transição difícil para que possamos nos tornar algo novo. Os *galli*, como os transgêneros modernos, estavam literalmente deixando suas antigas vidas para trás. Talvez seja algo tão nítido quanto isso.

Um dos dons de Cybele é nos guiar nas difíceis transições, na morte do velho e no nascimento do novo. Como tal, seus mistérios são profundos e vão além do escopo deste livro. Talvez o que precisamos saber aqui é que, em algum momento da nossa vida, todos somos transformados. Nenhum de nós permanece como era aos doze anos de idade por toda a vida. Talvez passemos por uma transformação aos vinte anos. Ou aos quarenta ou sessenta. Talvez nos transformemos mais de uma vez. Mas todos nós mudamos, e dar espaço a isso é uma das coisas mais importantes que podemos fazer. Hoje, muitas vezes há a rejeição da ideia de que a evolução pessoal é natural. Afinal de contas, temos ou não uma identidade imutável? Mas é claro que não. Mudamos nossa compreensão de nós mesmos ao longo da nossa vida à medida que crescemos. A única forma de não evoluir é nunca crescer; imagine ter setenta anos como um jovem de dezoito anos que nunca aprendeu nada com as experiências da vida.

Às vezes, nossa identidade muda. Escolhemos um novo título: diretor, médico ou pai. Identificamo-nos com um grupo religioso ou partido político diferente. Podemos mudar a forma como identificamos nosso gênero ou nossa herança. Essas são grandes transformações. Os presentes de Cybele vem para ajudar a nos livrarmos de nossa pele antiga e a nos sentirmos confortáveis com a nova.

Um Rito para Honrar Cybele

Agora que sabemos mais sobre Cybele, vamos pedir sua ajuda para alguma transição em nossa vida. Os últimos anos foram difíceis; muitos de nós perdemos algo significativo, seja uma pessoa que morreu, seja alguém que nos deixou, seja as próprias circunstâncias da nossa vida que mudaram. Talvez tenhamos tido de repensar planos acalentados ou abrir mão de um futuro que esperávamos. Talvez tenhamos decidido fazer algo diferente, mas ainda lamentamos o passado. Tudo bem que as transições sejam difíceis. Tudo bem sentir uma sensação de perda. Cybele está lá para nos ajudar a navegar por isso.

Antes de começar, pense em algo que você está pronto e disposto a abrir mão. Não escolha coisas que você se sinta desconfortável em deixar ir. Pedir a ajuda dela para a renovação só funciona se você realmente consentir isso em seu coração. Por exemplo, se as pessoas em sua vida estão lhe dizendo para superar um relacionamento e você ainda não sente que é hora, aquilo ainda não terminou. Não enterre uma parte de você que vive. Escolha algo em que você esteja realmente pronto para a renovação.

Este rito foi projetado para uma pessoa fazer sozinha, mas pode ser adaptado para ser feito com outras pessoas. Ele pode ser intenso, então considere com quem você deseja compartilhar isso. O rito também envolve dança e movimento, mas nenhum deles precisa ser de nenhum tipo específico ou em um determinado nível de energia. Qualquer pessoa pode fazer isso da maneira que puder, seja como movimento, seja sentado, seja com mobilidade limitada. A dança não precisa ser um movimento vigoroso em pé. A quantidade de movimento que incorporar vai depender inteiramente de você.

Você vai precisar de:

- Incenso (*de preferência pinho, abeto ou cedro*) e um queimador
- Qualquer música que dê vontade de dançar e uma forma de tocá-la
- Uma imagem de Cybele. Se você não tiver nenhuma, encontre uma na internet e imprima.
- Uma pequena jarra de vinho ou suco de frutas
- Uma pinha ou algumas pinhas
- Uma taça ou um cálice
- Uma tigela de libação
- Uma vela verde escura ou preta de qualquer tamanho ou forma que desejar

Itens extras opcionais

- Nozes, pão de nozes ou cogumelos
- Pandeiros, sinos ou címbalos de mão
- Um pano de altar verde escuro ou preto
- Um prato para oferendas de alimentos, se for usar

Primeiro, organize seu altar para Cybele. Coloque a imagem centralizada na parte de trás do altar. Em seguida, agrupe os outros itens ao seu redor de maneira agradável. Você pode adicionar outros enfeites, se desejar – coloque mais velas, mais pinhas, pratos e copos elaborados e sofisticados para conter a comida e a bebida. É apropriado usar o seu melhor.

Como você está pedindo diretamente a uma Deusa em vez de fazer um feitiço ou realizar um grande ritual, não será necessário invocar os Quadrantes nem outras Divindades além daquela a quem está fazendo a petição.

Vista-se com o que for confortável para você se movimentar, em qualquer nível de movimento que preferir. Se gosta de usar roupas de dança elaboradas ou trajes rituais, esta é a hora! Comece desligando luzes e dispositivos eletrônicos extras. Coloque-se em um estado de espírito reflexivo. Você pode começar a música agora.

Acenda a vela e o incenso se estiver usando algum. Reserve um momento para se centrar. Diga:

Cybele, Deusa da natureza, Deusa da perda e da renovação,
convido você a participar.

Despeje o vinho ou suco de frutas na taça, depois despeje uma libação na tigela e beba da taça você mesmo. Diga:

Obrigado por compartilhar este Cálice comigo (conosco).

Parta o pão e coloque um pedaço na tigela de comida, se estiver usando pão. Se estiver usando nozes ou cogumelos, coloque um pedaço na tigela de oferendas de comida. Coma você também. Diga:

Obrigado por compartilhar esta comida comigo (conosco).

Feche os olhos e ouça a música. Imagine-se em um vale de floresta com grandes árvores crescendo ao seu redor. Se tiver um pandeiro ou outro instrumento musical, pode usá-lo agora. Pense em como deseja experimentar a renovação, o que deseja deixar para trás e o que deseja começar. Ou, talvez, em vez de imaginar coisas concretas, simplesmente sinta a necessidade de deixar ir.

Deixe a música mexer com você; deixe-a girar dentro do seu coração. Comece a dançar como quiser. Você pode simplesmente balançar no ritmo da música ou se envolver em elaboradas coreografias tradicionais. Ou você pode se divertir como se estivesse dançando em um clube! Não há certo ou errado. Dança é expressão física. Simplesmente se expresse da maneira que achar melhor. Você pode se sentir triste ou eufórico; o que quer que sinta, deixe fluir. Você faz parte de uma tradição de milhares de anos, dançando em homenagem à Cybele, Deusa da natureza e do coração selvagem.

Quando sentir que terminou, relaxe sua dança. Curve-se ao altar como se fosse a uma audiência. Diga:

Obrigado, Cybele, pelo privilégio de entrar em seu séquito sagrado.

Desligue a música e apague o incenso e as velas caso tenha feito este rito sozinho. A tigela de libação deve ser esvaziada ao ar livre, se possível. O vinho ou suco restante no copo deve ser consumido. Você vai querer aterrar e centralizar com algum tipo de refresco, pelo menos com um líquido, se não com uma refeição. Se estiver fazendo este rito com um grupo, podem querer fazer uma refeição juntos na presença da Deusa antes de apagar as velas e os incensos para que você possa compartilhar com ela.

Quando terminar, desfaça o altar. Você pode manter uma pinha como emblema de sua experiência. Saiba que você faz parte do mistério de Cybele, mesmo que não seja chamado como iniciado. Você experimentou o que as pessoas no mundo helenístico fizeram quando viram a sagrada procissão de Cybele passando e se juntaram a ela, dançando atrás dos *galli* ao som de tambores e pandeiros.

Correspondências de Cybele

Aqui estão algumas correspondências para ajudá-lo a honrar Cybele, seja montando um altar para ela, seja planejando um ritual que a invoque, seja simplesmente trazendo um pouco de sua energia para sua vida diária.

Cores: verde escuro, preto

Incenso: pinho, cedro ou abeto

Símbolos: pedra preta, pinha

Dia do festival: Equinócio da Primavera ou a lua cheia de março

Comida: nozes, cogumelos, pão

Capítulo Nove

Juntando Tudo

Começamos este livro perguntando "Por que o Mundo Helenístico?" Voltemos a essa questão. Hoje, em um ambiente cada vez mais fragmentado socialmente, precisamos das Deusas amplas e acolhedoras do mundo helenístico. Precisamos de Afrodite Pandemos, que diz que o amor é para todos. Precisamos de Ísis, a Mãe do Mundo. Precisamos de Cybele, que acolhe a todos em seus mistérios. Precisamos de um modelo diferente de sociedade multicultural.

Sincretismo

Vejamos as diferenças entre alguns conceitos que são difíceis de falar. Colonialismo é quando um povo dominante força outro povo a mudar sua cultura e religião. Se este livro for vendido na Alemanha, isso não é colonialismo. Ninguém na Alemanha está sendo forçado a ler este livro ou mudar de religião em resposta. O verdadeiro colonialismo é sistêmico e cruel. Está tirando crianças de suas famílias, suprimindo línguas e crenças nativas e até matando pessoas que continuam a praticar suas religiões tradicionais. Chamar qualquer compartilhamento cultural de colonialismo é banalizar o impacto do colonialismo real.

Apropriação cultural é pegar as partes privadas e não compartilháveis de outra cultura e usá-las fora de contexto, particularmente em um sentido religioso. Não é assistir anime se você não for japonês – coisas destinadas a serem compartilhadas, como programas de TV, que são exibidos com prazer e alegria para um público global por seus criadores, não são apropriação cultural. Não é uma violação de privacidade comprar a arte que um criador está vendendo para você. Na verdade, isso é apoiar os criadores dessa cultura. A apropriação cultural tem a ver com consentimento. Tirar algo de uma cultura que as pessoas dentro dela estão tentando manter em sigilo é apropriação. Se for oferecido a você, não será roubado.

A questão é quando alguém de uma cultura dominante toma emprestado de uma cultura menor e depois lucra com isso, em vez de beneficiar os criadores. Por exemplo, se alguém encontra um condimento em uma cultura pouco conhecida em todo o mundo, cria uma receita para sua versão e depois a comercializa mundialmente como uma coisa "autêntica", colocando o produto original à margem, isso provavelmente é apropriação cultural. Entretanto, o fato de alguém dessa cultura engarrafar sua receita como condimento certamente não é.

Outra pergunta que devemos fazer é: essa cultura ainda está viva? É, no mínimo terrivelmente rude se autoproclamar membro de uma cultura e depois dizer a todos como acha que ela deve ser, quando não teve nem a experiência de viver nessa tradição durante a maior parte de sua vida. A identidade é mais profunda do que o sentimento – é também a experiência.

As pessoas geralmente ficam ofendidas quando alguém que se identificou com uma cultura por um curto período de tempo tenta explicá-la.

Oposto à apropriação é o sincretismo, a união de mais de uma cultura ou tradição para formar um híbrido no qual todas as partes participam voluntariamente. Por exemplo, se você mudar alguma receita da sua avó e colocar o molho de pimenta *sriracha* nela, isso é sincretismo. Pessoas e culturas crescem e mudam, e é natural que aprendamos uns com os outros. Vemos algo sendo compartilhado e gostamos, então adotamos, seja uma receita, um penteado ou uma prática religiosa. Isso se torna parte da nossa cultura, assim como o arroz se tornou parte da cultura helenística (veja o Capítulo Um) – não foi porque um rei declarou que todos comeriam arroz, nem porque o arroz foi adquirido da Índia, mas, sim, porque foi compartilhado. As pessoas experimentaram e gostaram.

Em nosso mundo atual, podemos nos desesperar ao pensar em como pessoas tão diferentes podem coexistir. Podemos, com sorte, colocar um adesivo em nosso carro que diga "Coexistência" e, ainda assim, isso parece impossível de ser alcançado. No entanto, o desafio de um mundo subitamente amplo e diversificado já foi enfrentado antes – pelo sincretismo. E sim, isso significa que todo mundo muda. Nenhuma receita é a mesma de duzentos anos atrás. Os mais jovens estão adicionando *sriracha* e usando o micro-ondas para aquecer ingredientes e fritam coisas em azeite em vez de em gordura de bacon ou banha. Mas isso é uma escolha: se você decidir fazer uma receita com azeite saudável para o coração em vez de gordura de bacon, está optando por fazê-lo; não está sendo forçado a desistir da gordura do bacon, nem está se apropriando culturalmente do azeite dos povos mediterrâneos. Mesmo assim, você está mudando. Está alterando a tradição.

A mudança de tradição é onde o conflito sempre reside no sincretismo. As pessoas preferem anime, rock britânico, filmes americanos, caril, tacos ou qualquer outra coisa. Pratos "não autênticos", como pizza, tornam-se extremamente populares. Quando eu puder pedir uma pizza de churrasco tailandês, estaremos realmente falando de sincretismo global!

Há sempre uma tensão entre os guardiões de uma cultura e as pessoas que estão sendo sincréticas. Haverá uma pessoa que dirá: "isso não é arte de verdade" e "você está fazendo isso errado". Em nossas próprias culturas, geralmente estamos muito conscientes dessas correntes. Sabemos que a tia Jenny não vai gostar de usar azeite no lugar de gordura de bacon. Sabemos que algumas pessoas dirão que uma técnica culinária não é "autêntica" se não for feita como há um século. Estamos cientes das tensões culturais internas e as avaliamos para tomar uma decisão (por exemplo, usar gordura de bacon ou não). Entretanto, geralmente não sabemos como identificá-las em outras culturas.

Essa mesma dificuldade na identificação das diferenças culturais é verdadeira tanto para os modos de adoração quanto para a alimentação. Uma razão para apresentar as grandes Deusas do mundo helenístico é que elas já são sincréticas. Há muito tempo, elas deixaram de ser Deusas de um só lugar ou de um povo e passaram a receber adoradores de qualquer origem. Elas já mudaram e aceitam a mutação.

Em última análise, a história nos ensina que o sincretismo acontece. Quando as pessoas vivem juntas sem barreiras físicas, elas compartilham. Compartilhar é humano. A menos que haja políticas deliberadas e sustentadas para manter as pessoas separadas, elas se unirão. Quando o fizerem, algo novo e incrível nascerá.

Aprendendo com as Grandes Deusas do Mundo Helenístico

Cada uma das Deusas deste livro já foi transformada. Cada uma delas já foi adaptada por diversas sociedades. Aqui estão algumas questões a considerar sobre as Deusas que conhecemos:

- Quando você pensa em Ísis como Mãe do Mundo, o que isso significa? Como podemos nos relacionar com ela como uma Deusa-mãe universal? O que podemos aprender com suas histórias?
- O que a disseminação do culto à Atargatis para pessoas além de sua localização original nos ensina? O que significa o fato de não conhecermos as etnias de seus adoradores?
- Como a perda e a renovação são conceitos universais? O que podemos aprender com Cybele sobre eles?

Esses são exemplos de perguntas específicas que você pode fazer a si mesmo depois de ler sobre cada uma delas.

Agora considere suas reações gerais a todas as sete Deusas. Lembre-se de que, no mundo helenístico, você provavelmente teria conhecido muitas delas ao mesmo tempo. Elas não eram exclusivas, mas faziam parte de uma teia de adoração.

- Qual história das Deusas mais lhe tocou? Por que você acha que isso aconteceu?
- Qual história o cativou mais? O que lhe causou maior surpresa?
- De qual história você menos gostou? Por que isso aconteceu? Como ela o desafiou?
- O que você achou das histórias que envolviam figuras históricas? Como você se relaciona, igual ou de maneira diferente das histórias com pessoas reais, como Arsinoe ou Temístocles? Se você fosse contar a história de uma dessas Deusas, qual seria?

Tome uma dessas perguntas como base de uma entrada de diário. Arranje tempo e espaço para pensar e responder. Organize um momento de silêncio, coloque uma música evocativa, se quiser, e considere verdadeiramente sua resposta.

Uma conexão mais profunda

Agora vamos mergulhar mais fundo: escolha uma Deusa sobre a qual você leu e busque mais informações sobre ela. Talvez seja uma Deusa conhecida hoje, como Ísis ou Athena. Se assim for, você pode achar fácil descobrir muitos livros e artigos sobre ela, incluindo livros inteiros que recriam sua adoração para os Pagãos modernos. Se for uma Deusa menos conhecida, como Atargatis, você pode ter mais dificuldades. No entanto, também existem muitos recursos on-line (não vou listá-los neste livro, porque eles estão mudando continuamente). Aqui estão algumas questões a serem consideradas sobre a Deusa que você escolheu para aprender mais:

- Ela tem aspectos diferentes dos mostrados neste livro? Como o conhecimento desses aspectos pode aprofundar sua compreensão sobre ela?
- Qual era sua história antes de se tornar uma grande Deusa do mundo helenístico? Como seu papel mudou à medida que seus adoradores se tornaram mais diversificados?
- Como ela era vista após o período helenístico? Por exemplo, muitas dessas Deusas também eram adoradas no mundo romano. Como o culto a essa Deusa mudou?
- Como ela tem sido vista no período entre o mundo clássico e o atual? Por exemplo, algumas dessas Deusas foram icônicas em períodos posteriores – versões renascentistas e iluministas de Afrodite e Athena são abundantes. Como essas visões se encaixam?

- Como essa Deusa é vista hoje? Existem extensas reconstruções modernas de seu culto ou ela permanece relativamente obscura? Se existem livros modernos dedicados a ela, como eles se encaixam na imagem que você tem dela? Quais livros funcionam melhor para você e por quê?

A Jornada Continua

À medida que procura se aprofundar em seu relacionamento com essas antigas Deusas, eu o encorajo a buscar recursos adicionais. Incluí aqui uma lista de recursos nem um pouco exaustiva, apenas um ponto de partida para sua pesquisa. Existem muitos recursos acadêmicos e Neopagãos a serem considerados. Lembre-se de que, devido à amplitude do culto a essas Deusas por um longo período de tempo, você pode encontrar informações díspares e contraditórias, o que é de se esperar. É bem possível que todas as coisas que encontrar estejam corretas; elas apresentam um retrato de diferentes lugares e épocas em uma tradição religiosa diversificada e rica. Lembre-se de que fazer uma pergunta sobre "Como Ísis era adorada?" é como perguntar: "Como os cristãos celebram o Natal?" Essa não é uma pergunta que pode ser respondida definitivamente, mesmo que você se limite a perguntar sobre os Estados Unidos modernos, muito menos sobre todos os cristãos em todo o mundo nos últimos mil anos! Encontrar contradições ou grandes diferenças, é de se esperar.

A maioria dos recursos se enquadra em duas categorias, sendo a primeira delas informações acadêmicas sobre um determinado local e época. É razoável perguntar: "Como Cybele era adorada em Roma no segundo século EC?" ou "O que sabemos sobre o Templo de Ísis em Pompéia com base na arqueologia?" Esses tipos de recursos são a base de grande parte do que sabemos (a outra base são os textos antigos que sobreviveram). Entretanto, eles podem ou não ser úteis na criação de uma prática pessoal para você.

O segundo tipo de recurso é uma reconstrução moderna do culto destinado aos Neopagãos. Novamente, existem excelentes livros sobre várias dessas Deusas, tornando mais fácil encontrar um que dialogue com você. Caso contrário, você pode fazer como muitos autores fizeram e criar ritos e práticas com base em sua própria pesquisa para abordar aspectos da Deusa que lhe parecem importantes ou únicos. Se estiver interessado em uma Deusa que não tenha grandes quantidades de material de reconstrução (como Tyche ou Atargatis), você pode fazer sua própria pesquisa e criar suas próprias reconstruções.

Lembre-se, as grandes Deusas do mundo helenístico já são sincréticas. Elas não ficarão ofendidas se você usar o tipo errado de incenso ou substituir a oferta tradicional por guloseimas veganas. O sincretismo tem tudo a ver com adaptação. Não há absolutamente nada de errado em adicionar coisas que são significativas para você ou subtrair coisas que não funcionam bem hoje. Por exemplo, muitas dessas Deusas originalmente recebiam sacrifícios de animais. Obviamente você não vai matar um touro em um altar para nenhuma delas! É aceitável fazer uma oferta de pão ou frutas em vez disso. Durante sua jornada, seja fiel ao espírito do rito e não à recriação exata do antigo culto. Não somos nossos ancestrais; nem somos nossos avós. Não somos definidos por eles, e todas essas Deusas abraçam isso.

Que as bênçãos brilhantes das Deusas estejam sobre você.

Apêndice

Informações Úteis

Aqui estão alguns recursos úteis para ajudá-lo a usar este livro sozinho ou em grupo. Como muitas religiões antigas eram praticadas, você pode, se assim desejar, trabalhar o livro inteiro como um ciclo com ritos para diferentes Deusas em momentos apropriados.

Datas dos Ritos e Celebrações

Se estiver interessado em usar este livro para planejar um ciclo mensal de ritos, seja sozinho, seja em grupo, este é o aspecto que este ciclo pode ter. Você pode trabalhar com as sete Deusas ao longo de meio ano, começando em fevereiro e terminando em agosto. Cada pessoa deve fazer primeiro a meditação e depois o ritual. Se desejar, pode fazer a meditação na lua negra e o ritual na lua cheia.

- 18 de fevereiro, ou na lua cheia de fevereiro – Atargatis
- 15 de março, ou na lua cheia de março – Cybele
- 11 de abril, ou na lua cheia de abril – Tyche

- 1º de maio, ou na lua cheia de maio – Afrodite
- 13 de junho, ou na lua cheia de junho – Epona
- 23 de julho, ou na lua cheia de julho – Ísis
- 1º de agosto, ou na lua cheia de agosto – Athena

Se estiver interessado em usar este livro como um ciclo de um ano em vez de mensalmente, o cronograma a seguir começa com Imbolc, já que muitos grupos se reúnem apenas nos oito sabbats e nos trimestres cruzados. Também pode ser usado em uma prática solitária.

- Imbolc: Epona
- Equinócio de Primavera: Atargatis
- Beltane: Afrodite
- Solstício de Verão: Athena
- Lammas: Ísis
- Equinócio de Outono: Tyche
- Samhain: Cybele
- Solstício de Inverno: todas as Deusas juntas

A ordem acima conduz você logicamente através de um ciclo começando com Epona, Senhora dos Cavalos, como a guardiã dos rebanhos, indo para Atargatis, que expande a ideia de tutela como a Rainha Governante. Depois temos Afrodite em Beltane, Athena no Solstício de Verão e Ísis em Lammas. Tyche chega até nós na cúspide de Libra, e então Cybele, representando morte e renascimento, se apresenta no Samhain. O Solstício de Inverno pode ser uma celebração ou reunir tudo o que você viveu usando o último capítulo para refletir sobre este ano incrível.

Outras Deusas do Mundo Helenístico

Embora tenhamos examinado sete das Deusas mais proeminentes adoradas no mundo helenístico, há muitas outras a serem exploradas. Aqui estão alguns exemplos.

Perséfone/Proserpina: rainha grega do Submundo, filha de Deméter, esposa de Hades, amplamente adorada em todo o Mediterrâneo. Conhecida como Proserpina pelos romanos, na parte oriental do mundo helenístico ela era frequentemente confundida com Ísis em seu papel de Rainha dos Mortos.

Deméter/Ceres: Deusa mãe grega, confundida com a romana Ceres, Deusa dos grãos, e com Ísis como Baubo, no Egito. Seu culto também foi difundido ao lado de sua filha.

Nike: Deusa da vitória, invocada em todo o mundo helenístico por suas proezas em batalha. Às vezes vista como um aspecto de Athena, às vezes como uma Deusa separada.

Aserá: Deusa cananeia da fertilidade e da generosidade. Seu culto continuou no Mediterrâneo oriental durante o período helenístico. Frequentemente confundida com Ísis ou Afrodite.

Selene: a personificação da lua, foi amplamente adorada, muitas vezes em conjunto com seu irmão, Helios, o Sol.

Bastet/Bast: Deusa gata egípcia. Traz alegria e fertilidade e protege o lar. Ela se espalhou com os gatos do Egito para os cantos mais distantes do mundo.

Existem muitas outras Deusas que você pode encontrar lendo e pesquisando o período helenístico, porque havia literalmente centenas de Deusas adoradas. Muitas eram locais ou exclusivas de um determinado povo e tempo, em vez de difundidas, mas todas elas são fascinantes!

Bibliografia

Aeschylus. *The Persians*. Translated by Robert Potter. London: Routledge & Sons, 1932.

Barnes, Ian. *The Historical Atlas of the Celtic World*. New York: Chartwell, 2009.

BBC News. "Dig Reveals Roman Transvesite" *BBC News*. May 21, 2002. http://news.bbc.co.uk/2/hi/uk_news/england/1999734.stm.

Bernstein, Frances. *Classical Living: Reconnecting with the Rituals of Ancient Rome.* New York: HarperCollins, 2000.

Bilde, Per, ed. *Religion and Religious Practice in the Seleucid Kingdom*. Oxford, UK: Aarhus University Press, 1996.

Breitenberger, Barbara. *Aphrodite and Eros: The Development of Erotic Mythology in Early Greek Poetry and Cult*. New York: Routledge, 2007.

Carney, Elizabeth Donnelly. *Arsinoë of Egypt and Macedon: A Royal Life.* Oxford, UK: Oxford University Press, 2013.

Claus, Patricia. "New Findings on Santorini Point to Lost Island of Atlantis Origins" in *The Greek Reporter*, May 2021. https://greekreporter.com/2021/05/21/new-findings-on-santorini-point-to-lost-island-of-atlantis-origins/.

Cook, P. D. Mackenzie. *Epona: Hidden Goddess of the Celts*. London: Avalonia Press, 2016.

Diodorus of Sicily. *The Library of History Book II*. Translated by C. Bedford Welles. Cambridge, MA: Harvard University Press, 1963.

Empereur, Jean-Yves. *Alexandria: Jewel of Egypt*. Translated by Jane Brenton. New York: Thames & Hudson, 2001.

Grant, Michael. *From Alexander to Cleopatra: The Hellenistic World*. New York: Scribner and Sons, 1982.

Green, Peter. *Alexander to Actium: The Historical Evolution of the Hellenistic Age*. Berkeley, CA: University of California Press, 1990.

Gurewitsch, Matthew. "True Colors." *Smithsonian Magazine*. July 2008. https://www.smithsonianmag.com/arts-culture/true-colors-17888/.

Hughes, Bettany. *Venus and Aphrodite: A Biography of Desire*. New York: Basic Books, 2020.

keegan1234. "Cybele, the Mother Goddess." *Women in Antiquity* (blog). November 2018. https://womeninantiquity.wordpress.com/2018/11/27/cybele-the-mother-goddess.

Lucian. *The Syrian Goddess: de Dea Syria*. Translated by Herbert A. Strong and John Garstang. Rookhope, UK: Aziloth Books, 2014.

Jones, Prudence, and Nigel Pennick. *A History of Pagan Europe*. New York: Barnes and Noble Books, 1995.

Kraemer, Ross S., ed. *Maenads, Martyrs, Matrons and Monastics: A Sourcebook on Women's Religions in the Greco-Roman World*. Philadelphia: Fortress Press, 1988.

Meredith, Jane. *Aphrodite's Magic*. Winchester, UK: O Books, 2010.

Monaghan, Patricia. *The Goddess Path: Myths, Invocations, and Rituals*. St. Paul, MN: Llewellyn Publications, 1999.

Museum of Classical Archaeology Databases. "Tyche of Antioch." Retrieved January 6, 2021. https://museum.classics.cam.ac.uk/collections/casts/tyche-antioch.

Pollard, Justin, and Howard Reid. *The Rise and Fall of Alexandria: Birthplace of the Modern Mind*. New York: Viking, 2006.

Pomeroy, Sarah B. *Women in Hellenistic Egypt: From Alexander to Cleopatra*. Detroit: Wayne State University Press, 1984.

Ratcliffe, Susan. *Concise Oxford Dictionary of Quotations*. Oxford, UK: Oxford Publishing, 2011.

Raven, Gwion. *The Magick of Food: Rituals, Offerings, and Why We Eat Together*. Woodbury, MN: Llewellyn Publications, 2020.

Reed, Ellen Cannon. *Circle of Isis: Ancient Egyptian Magic for Modern Witches*. Franklin Lakes, NJ: New Page Books, 2002.

Regula, DeTraci. *The Mysteries of Isis: Her Worship & Magick*. St. Paul, MN: Llewellyn Publications, 1996.

Reif, Jennifer. *Mysteries of Demeter: Rebirth of the Pagan Way*. York Beach, ME: Samuel Weiser, 1999.

Roux, Georges. *Ancient Iraq*. New York: Penguin, 1992.

Saunders, Nicholas J. *Alexander's Tomb: The Two-thousand-year Obsession to Find the Lost Conqueror*. New York: Basic Books, 2006.

Shepherd, William. *Salamis 480 BC: The Naval Campaign That Saved Greece*. Oxford, UK: Osprey Publishing, 2010.

Shipley, Graham. *The Greek World After Alexander 323–30 BC*. London: Routledge Taylor and Francis Group, 2000.

Sophia. *The Ultimate Guide to Goddess Empowerment*. Kansas City, KS: Andrews McMeel Publishing, 2003.

Strauss, Barry. *The Battle of Salamis: The Naval Encounter That Saved Greece*. New York: Simon and Schuster, 2004.

Telesco, Patricia. *365 Goddess: A Daily Guide to the Magic and Inspiration of the Goddess*. New York: HarperCollins, 1998.

Teixidor, Javier. "Interpretations and Misinterpretations of the East in Hellenistic Times." In *Religion and Religious Practice in the Seleucid Kingdom*. Oxford, UK: Aarhus University Press, 1990.

Trobe, Kala. *Invoke the Goddess: Connecting to the Hindu, Greek & Egyptian Deities*. Woodbury, MN: Llewellyn Publications, 2019.

Turcan, Robert. *The Cults of the Roman Empire*. Translated by Antonia Nevill. Oxford, UK: Blackwell Publishers, 1996.

Winter, Sarah Kate Istra. *Kharis: Hellenic Polytheism Explored*. Seattle: Amazon Digital Services LLC, 2008.

Zahle, Jan. "Religious Motifs on Seleucid Coins." In *Religion and Religious Practice in the Seleucid Kingdom*. Oxford, UK: Aarhus University Press, 1990.